D1722633

Carl-Auer

Stimmen zum Buch:

»Den Autoren ist mit ihrem Buch ein ganz und gar bemerkenswerter Wurf gelungen. Foresight stand bislang für einen vorwiegend technologisch geprägten, expertenorientierten Umgang mit Zukunft. Im Unterschied dazu setzt ein partizipativer Foresight auf die besondere Intelligenz eines gemeinsamen Entwicklungsprozesses aller relevanten Stakeholder. Die in diesem Buch entfaltete Kommunikationsarchitektur integriert Experten, Entscheidungsträger und Betroffene aus Wirtschaft, Forschung, Politik und Zivilgesellschaft für eine kollektiv orientierungsstiftende, gemeinsame Konstruktion von Zukunft. Damit entsteht eine hochinnovative Bearbeitungsform für die letztlich ungewiss bleibenden Herausforderungen einer künftigen Gegenwart, die dazu animiert, die darin eingebauten Risiken verantwortungsvoll zu übernehmen.«

Prof. Dr. Rudolf Wimmer
Vizepräsident der Universität Witten/Herdecke

»Politikberatung ist aus systemischer Sicht deswegen so schwierig, weil der Berater nicht die neutrale Außenposition des objektiv urteilenden Experten für sich beanspruchen kann: Was immer entschieden wird, betrifft auch ihn selbst ... Deswegen sind partizipative Prozesse, wie sie in diesem Buch sehr praxisnah präsentiert werden, der Königsweg, intelligente und nachhaltige Entscheidungen zu treffen. Für jeden, der zukunftsorientiert mit größeren sozialen Systemen arbeitet, eine unverzichtbare Lektüre. Denn auch in der Wirtschaft und im Management sind die dargestellten Methoden extrem nützlich.«

Prof. Dr. Fritz B. Simon, Berlin

»Handeln und Vorhersage scheinen dringender denn je – und zugleich scheinen die Schwierigkeiten für das Nötige zu wachsen – da wir an einer Stelle suchen, wo der Schlüssel nicht verloren ging. Anstelle von Vorhersagbarkeit und Kontrolle setzt der Foresightprozess auf einen transdiziplinären partizipativen Prozess koordinierter Zukunftsgestaltung. So entsteht eine systemisch-konstruktivistische neue Sicht der Überwindung des Paradoxes von Verantwortung und Unkalkulierbarkeit in Bezug auf unsere Zukunft. Das Buch von Wilhelmer und Nagel beschreibt den Prozess nicht nur: es lässt ihn vor den Augen der LeserInnen nachvollziehbar erstehen!«

Prof. Dr. Matthias Varga von Kibéd, München

Doris Wilhelmer/Reinhart Nagel

Foresight-Managementhandbuch

Das Gestalten von Open Innovation

2013

Umschlaggestaltung: Uwe Göbel
Satz: Verlagsservice Hegele, Heiligkreuzsteinach
Printed in Germany
Druck und Bindung: Freiburger Graphische Betriebe, www.fgb.de

Erste Auflage, 2013
ISBN 978-3-8497-0011-9
© 2013 Carl-Auer-Systeme Verlag und Verlagsbuchhandlung GmbH, Heidelberg
Alle Rechte vorbehalten

Bibliografische Information der Deutschen Nationalbibliothek
Die Deutsche Nationalbibliothek verzeichnet diese Publikation
in der Deutschen Nationalbibliografie; detaillierte bibliografische
Daten sind im Internet über http://dnb.d-nb.de abrufbar.

Informationen zu unserem gesamten Programm, unseren Autoren
und zum Verlag finden Sie unter: www.carl-auer.de.

Wenn Sie Interesse an unseren monatlichen Nachrichten
aus der Vangerowstraße haben, können Sie unter
http://www.carl-auer.de/newsletter den Newsletter abonnieren.

Carl-Auer Verlag GmbH
Vangerowstraße 14
69115 Heidelberg
Tel. 0 62 21-64 38 0
Fax 0 62 21-64 38 22
info@carl-auer.de

Inhalt

Vorwort

Nur wenige gesellschaftlich bedeutsame Zukunftsprobleme können von einzelnen Nationen, Regionen oder gar von einzelnen Organisationen und Unternehmen allein gelöst werden. Der Umgang mit knappen Ressourcen wie Wasser oder fossilen Brennstoffen, Auswirkungen der Globalisierung und des Klimawandels, Veränderungen der Gesundheitssysteme, Implikationen neuer Technologien – alles dies stellt die Entscheider unterschiedlichster Systeme vor neue, komplexe Fragestellungen.

Soziale Systeme und deren Akteure in Politik und Wirtschaft stehen vor der Aufgabe, trotz der erheblichen Komplexität und der unvermeidbaren und notwendigen technologisch-disruptiven Musterbrüche handlungs- und planungsfähig zu bleiben. Für solche Herausforderungen bietet Foresight eine wirksame Architektur und Methodologie zur Bearbeitung der brennenden Fragen der Zukunft.

Zukunft ist zwar nicht vorhersehbar, die relevanten Akteure können sie aber gemeinsam gestalten. Foresight bietet den Rahmen für einen offenen Innovationsprozess, in dem mit einem Set von zahlenbasierten und qualitativen Instrumenten Bilder einer möglichen Zukunft entstehen können.

Die Kunst der Gestaltung eines solchen attraktiven Zukunftsbildes liegt in der transdisziplinären Verknüpfung von Wissen aus technologischen, ökonomischen und sozialwissenschaftlichen Disziplinen. Der partizipative Foresight-Prozess integriert Experten, Entscheidungsträger und Betroffene unterschiedlicher gesellschaftlicher Anwendungsfelder – wie Wirtschaft, Forschung, Politik und Zivilgesellschaft – und ermöglicht die gemeinsame Konstruktion wahrscheinlicher (aber nicht vorhersehbarer) Zukunftsentwicklungen.

Im letzten halben Jahrhundert hat sich in der internationalen Foresight-Community der Ansatz durchgesetzt, dass Zukunft nicht technokratisch vorhersagbar, sondern nur gemeinsam mit den relevanten Stakeholdern entwickelbar und gestaltbar ist. Aus unserer Sicht ist Foresight eine wirkungsvolle Methode, die das Heben und Nutzen des vorhandenen Wissens vieler involvierter Akteure und Systeme ermöglicht – ein offener Innovationsprozess, der mithilfe bewährter und neuer Zukunftsmethoden angeregt und von einer mehrdimensionalen Projektarchitektur koordiniert wird.

Als strategisches Konzept hat Foresight das Potenzial, künftige Entwicklungen über eine deutlich längere Zeitperspektive vorauszudenken, als dies die üblichen Strategieansätze vermögen. Darüber hinaus finden wir es lohnenswert, ergänzend zu Experten und evidenzbasierten Instrumenten systemisch-konstruktivistische Zugänge für das Anstoßen gesellschaftlicher Änderungsprozesse anzuwenden.

Unser Handbuch fokussiert darauf, Foresight für gesellschaftliche Fragestellungen zu nutzen. Ein partizipativer Foresight ist auf einen sozialen, gesellschaftlichen, politischen und technologischen Anwendungszusammenhang ausgerichtet. Wir stellen Foresight hier als Ansatz der Politikberatung vor, der sich nicht nur für unternehmerische, sondern auch für gesellschaftlich relevante Zukunftsfragen einsetzen lässt.

Das vorliegende Buch ist nicht die erste Publikation, die sich mit Foresight beschäftigt. Es rückt allerdings erstmals den partizipativen Stakeholder-Prozess in den Vordergrund. Im Mittelpunkt steht dabei die Frage: Wie gelingt es in einem politischen, unternehmensinternen oder organisationsübergreifenden Diskurs mit vielen verschiedenen Akteuren und heterogenen Interessen, sich mit der Zukunft zu beschäftigen und diese zu gestalten? Unser Managementhandbuch versucht insofern als erstes Fachbuch, diesen partizipativen Prozess zu beschreiben und mit praktischen Methoden nachvollziehbar zu machen.

An dieser Stelle bedanken wir uns bei Stefan Helmreich, Julia Dueh und Claus Seibt (AustriaTech) sowie Klaus Kubeczko, Thomas Scherngell und Matthias Weber (Austrian Institute of Technology) für die anregenden Reflexionen und inhaltlichen Impulse im Rahmen der Case Studies dieses Handbuchs.

Doris Wilhelmer und Reinhart Nagel
Wien, im Sommer 2013

1 Foresight – Open Innovation gestalten

Handle stets so, dass die Anzahl der Möglichkeiten wächst.
(Heinz von Foerster, 1993)

1.1 Was verstehen wir unter Foresight?

Das Verständnis von Innovation hat sich in den letzten Jahrzehnten grundlegend weiterentwickelt. Innovation entsteht demnach vornehmlich zwischen sozialen Systemen und damit an den Schnittstellen zwischen Unternehmen, Wissenschaftssystem, Verwaltungen, Sektoren, Nationalstaaten und Kommunen etc.

Ein Innovationsprozess in einem Unternehmen ist durch eine steigende Vernetzung und Einbindung von Kunden, Lieferanten und strategischen Partnern gekennzeichnet. Die Idee der vernetzten Innovation wurde unter dem Begriff »Open Innovation« (Chesbrough 2003) bzw. »User Innovation« (von Hippel 2005) bekannt. Die Innovationsforschung spricht von einem Innovationssystem (Kaufmann 2009, S. 85), bei dem ein Netzwerk von Akteuren durch die Art ihrer Interaktionen das Entstehen von Innovationen positiv beeinflussen kann.

Die Interaktion so unterschiedlicher Akteure wie Wissenschaft, Wirtschaft, politische Systeme, Interessensvertretungen, Regionen und Kommunen sowie öffentliche Verwaltung benötigt allerdings ein anspruchsvolles Kommunikationssetting. Eine Kommunikationsarchitektur, die nicht nur die Akzeptanz und die Nutzung der unterschiedlichen Expertisen ermöglicht, sondern auch die Ausrichtung aller Vertreter der relevanten Stakeholder an einer für alle attraktiven Leitvision.

Beim sog. Forecast werden die Beobachtungen und Erkenntnisse der Vergangenheit und Gegenwart unter Nutzung verschiedenster Studien in die nächsten Jahrzehnte extrapoliert. Auf der Basis dieses Wissens entwickeln Experten Zukunftsbilder über erwartbare Entwicklungsmuster. In diesem Sinne explorieren sie mit ihrer Expertise in einem Forecast-Prozess aus den Erfahrungen und dem Wissen der Gegenwart heraus alternative Zukunftsbilder.

Im Unterschied zu diesem expertenbasierten explorativ-beschreibenden Ansatz des Forecast setzt der konstruktivistische Foresight-Zugang als »partizipativer Foresight« auf einen gemeinsamen Entwicklungsprozess aller Stakeholder: Die wünschenswerte Zukunft wird unter Nutzung unterschiedlichster Instrumente gemeinsam geschaffen (Abb. 1). Dieser Ansatz versucht die eingeschwungenen mentalen Modelle und Handlungsmuster im Sinne eines disruptiven Sprunges radikal zu verändern. Denn wenn klar wird, was aus der Perspektive der unterschiedlichen Stakeholder eine gemeinsame, wünschenswerte Zukunft sein könnte, erschließen sich die notwendigen operativen Handlungen leichter und mobilisieren eine erhebliche Forschungs- und Umsetzungsenergie: »Was können wir heute tun, um die für uns wünschenswerte Zukunft möglich zu machen?« Dieser konstruktivistische Zugang ermöglicht es den Akteuren, die Gegenwart »mit den Augen der Zukunft« neu wahrzunehmen und im eigenen Arbeitsumfeld entsprechend neue Schritte zu setzen.

Das jeweilige Innovationssystem (z. B. Region, Sektor, Leistungsverbund etc.) wird durch eine attraktive »beste Zukunft« aus dieser Zukunft her führbar.

Explorativer Zugang   Alternative Zukunftsbilder

Was würden wir erwarten, falls diese Ereignisse eintreten oder Trends sich realisieren?

Normativer Zugang

Was können wir heute tun, um die beste Zukunft gemeinsam umzusetzen?

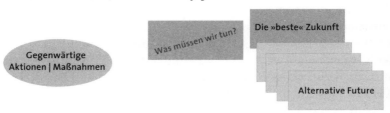

Abb. 1: Explorativer versus normativer Zugang zu Zukunftsbildern (verändert nach Falchetto, Miles a. Keenan 2002)

Fazit: Mit Foresight bezeichnen wir die Anwendung unterschiedlichster zukunftsorientierter Methoden in einem partizipativen, strategischen Prozess. Ziel des Foresight ist die Unterstützung langfristig ausgerichteter Entscheidungen von Organisationen aus Politik, Wirtschaft und Verwaltung. Im Fokus stehen dabei vor allem Entscheidungen mit starken Auswirkungen auf ökonomische, ökologische und soziale Faktoren und Entwicklungspfade unserer Organisationen und Gesellschaften.

1.2 Was ist ein partizipativer Foresight-Prozess?

Foresight war lange durch einen expertenorientierten »Top-down«-Ansatz geprägt. Im Vordergrund steht darin meist die Auseinandersetzung mit einem Zukunftsthema im Rahmen einer wissenschaftlichen Disziplin. Auf Interaktion und Vernetzung der beteiligten Personen und Akteure wurde dabei wenig Wert gelegt.

Der partizipative Foresight dagegen folgt vorerst einem »Bottom-up«-Ansatz. Das Einbeziehen der betroffenen Personen und Systeme und deren gestalterische Mitwirkung haben hier einen hohen Stellenwert. Dies ist zwangsläufig mit einem höheren Ressourcenaufwand (Zeit, Geld) verbunden. Dem steht allerdings ein besonderer Prozessnutzen gegenüber: Einerseits ist mit einer erhöhten Umsetzungswirkung der Ergebnisse zu rechnen; andererseits entstehen sektor- und disziplinenübergreifende Netzwerke, die die soziale Nachhaltigkeit der Ergebnisse über Fachgrenzen hinaus fördern. Das entstehende gemeinsame Zukunftsbild führt zu einem abgestimmten und zukunftsorientierten Handeln einer großen Anzahl Betroffener in der Gegenwart.

Nach Sydow und Windeler (2000) erfordern erfolgreiche Netzwerke das Ausbalancieren der Widersprüche von Vertrauen/Kontrolle, Autonomie/Abhängigkeit, Kooperation/Konkurrenz und Loyalität/Opportunität. Der in einem partizipativen Foresight notwendige Prozess der Netzwerkbildung mehrerer Personen und Systeme kann mit Großgruppenmethoden besonders wirksam unterstützt werden.

Der Pionier der Friedensbewegung, Robert Jungk, gilt als Erfinder des partizipativen Foresight. Jungk war der Erste, der ab 1994 in Zukunftskonferenzen neben den Experten aus Wirtschaft, Forschung und Politik auch »normale« Bürger als Stakeholder einbezog. Er beabsichtigte mit dieser Form der Zukunftskonferenz, die Zivilgesellschaft als Gegengewicht zu Verwaltung und Politik zu stärken und mit dieser Methodik soziale Netzwerke aufzubauen und zu fördern. Anders als bei einem rein expertengetriebenen Zukunftsprozess, der über das Analysieren bestehender Dokumente Muster der Vergangenheit in die Zukunft fortschreibt, identifiziert der partizipative Foresight schwache Signale für Zukunftsentwicklungen, auf die es sich vorzubereiten gilt: Da Stakeholder an den Schaltstellen unterschiedlichster sozialer Systeme (Wirtschaft, Politik, Forschung, Gesundheit etc.) systemimmanente Entwicklungsmuster und -strategien aus ihrer eigenen Betroffenheit heraus kennen, orten sie frühzeitig erste Abweichungen und Musterbrüche, die bestehende Steuerungsmechanismen und Lösungsansätze (Services, Produkte, Verfahren) außer Kraft setzen. Im partizipativen Foresight entsteht aus der Innensicht der Stakeholder die Definition von Notwendigkeit und Ausrichtung gesellschaftlichen Wandels. Miteinander generieren sie dabei das Zukunftswissen, das für neuartige Problemlösungen der Zukunftsherausforderungen von zentraler Bedeutung ist. Ihre Herkunft aus unterschiedlichen Organisationen mit ihren Einzellogiken ermöglicht es ihnen, zum Zweck der Realisierung einer wünschenswerten Zukunft diese zu überschreiten und dabei aus Wissensbeständen und Erfahrungen heraus ganzheitliche und zukunftsfähige Lösungsansätze zu entwickeln.

Diese Nähe des partizipativen Foresight zur gesellschaftlichen Basis wiederum ist unumgänglich für das erfolgreiche Umsetzen politisch geplanter (kommunaler, regionaler, staatlicher) gesellschaftlicher Entwicklungsziele (Huxham a. Vangen 2002). Umweltkatastrophen, Flüchtlingsströme, Klimaveränderungen etc. zeigen ja deutlich, dass heute nur mehr eine enge Zusammenarbeit zwischen Politik, Zivilgesellschaft und Wirtschaft über das notwendige Problemlösungspotenzial verfügt.

Disziplinenübergreifende Netzwerkkooperationen und die Umsetzungswirkung des Bottom-up-Ansatzes von Foresight werden heute von der öffentlichen Verwaltung als neue Möglichkeit gesehen, jenseits der hier nicht mehr funktionierenden Steuerungsmechanismen von Macht und Markt eine neuartige Koordinations- und Governance-Form zur Bewältigung unserer großen Zukunftsfragen zu entdecken.

Hier werden partizipative Bottom-up-Prozesse hochfunktional zur Lösung gesellschaftlicher Problemsituationen und der großen Herausforderungen der Zukunft.

1.3 Anwendungsfelder und Zeitperspektiven

Foresight wurde in Großunternehmen bisher überwiegend dafür eingesetzt, um frühzeitig neue Technologien und Innovationspfade zu erkennen und dieses Zukunftswissen in ihr unternehmerisches Handeln zu übersetzen. Dabei konzipierten Großunternehmen ihre Foresight-Prozesse primär mit der Zielsetzung, neue Technologien und Produkte für die Märkte der Zukunft zu entwickeln (Müller u. Müller-Stewens 2009). Im Unterschied dazu nutzen politische oder Verwaltungssysteme Stakeholder-Prozesse meist für die Auseinandersetzung und die Gestaltung gesamtgesellschaftlich relevanter Fragen (Tab. 1).

	Politik und Verwaltung	Wirtschaft
Allgemeines Ziel	Vorausschau künftiger Entwicklungen in Wissenschaft, Technologie, Wirtschaft, Politik und Gesellschaft	
Spezielles Ziel	Entwicklung neuer Ideen und Visionen für Technologien und Innovationen; Identifikation und Priorisierung damit verbundener Politikmaßnahmen sowie Förderinitiativen für Forschung und Entwicklung (F&E)	Identifikation von Chancen und Risiken bestimmter Märkte, Technologien und innerhalb der wirtschaftlichen Rahmenbedingungen; Identifikation strategischer Möglichkeiten für das Unternehmen
Hauptakteure	Politische Systeme, Verwaltungsbehörden, Experten-Communities, Kommunen, Non-Profit-Organisationen	Strategieorientierte Funktionen; F&E, Think Tanks in Unternehmen
Zeitrahmen	5–30 Jahre	2–15 Jahre
Dauer	1–3 Jahre (periodisch wiederholt)	3 Monate bis 1 Jahr (periodisch wiederholt)

Tab. 1: Anwendung von Foresight im öffentlichen und privaten Bereich (verändert nach Cairncross 2007).

Foresight ist mit unterschiedlichen Zeithorizonten verbunden. Je nach Frage- und Problemstellung der beteiligten Organisationen kann ein Zeithorizont von bis zu 30 Jahren aufgespannt werden (Abb. 2):

- Bei einer *langfristigen* Perspektive beschäftigt man sich mit möglichen und wahrscheinlichen Zukunftsentwicklungen von Regionen, Nationen und Gesellschaften, das heißt unter anderem mit globalen Trends und möglichen Technologiesprüngen der Grundlagenforschung. Meist versucht man dabei, technologische Innovationspfade zu erkennen und leuchtet einen viel weiter reichenden zeitlichen Horizont aus als in üblichen Strategieprozessen, der in diesen allenfalls als Prämisse gesetzt werden muss. Ergebnis langfristig orientierter Foresight-Prozesse sind Impulse für radikale Innovationen und Programme der Grundlagenforschung.
  Der Nutzen der Annahme eines Zeithorizonts von 30–40 Jahren besteht darin, dass alle am Prozess Beteiligten aus eigenen Erfahrungen heraus sofort davon ausgehen, dass hier ein Fortschreiben gegenwärtiger Muster unter Argumentieren von »Sachzwängen« irrational wird. Die Welt vor 30 Jahren war eine ganz andere – daher kann auch die Welt in 30 Jahren nur eine ganz andere sein. Das zwingt zur Auseinandersetzung mit Unwahrscheinlichkeiten und Unvorhersagbarem und damit zum Querdenken aller Betroffenen. Genau das aber erfordert diesen Mix an »Kennziffern« (= Vergangenheitsbezug), »Prozesswissen« und »Kreativitätsmethoden« (= Zukunftsbezug) und damit zur Akzeptanz von »Mehrdeutigkeit«, weil Zukunft nicht vorhersagbar ist.
- Bei einer *kurz- und mittelfristigen* Perspektive beschäftigt man sich hingegen mit wahrscheinlichen (das heißt: aus gegenwärtigen Erfahrungen abgeleiteten) Marktentwicklungen und Umfeldveränderungen. Methoden des strategischen Marketings, der Markt- und Trendforschung liefern hierbei Hypothesen über diesen Betrachtungshorizont. Mit Technologie- und Innovationsanalysen, einem strategischen Technologiemonitoring und einer Bewertung der nationalen und internationalen Forschungsprioritäten versucht man möglichst robuste Einschätzungen der technologischen Entwicklungspfade zu identifizieren. Ergebnis mittelfristiger Foresight-Prozesse

sind anwendungsorientierte Forschungs- und Entwicklungsprogramme, die durch den Einbezug der Endkunden in den Implementierungsprozess zu Innovationen führen können. Kurzfristige Foresight-Prozesse hingegen zielen auf Wettbewerbsvorteile der jeweiligen Organisation in deren Kontext. Der reine Umsetzungsbezug der Kurzfristperspektive zielt primär auf den ökonomischen Vorteil ab und folgt dabei meist der Effizienzsteigerungslogik des Wandels erster Ordnung im Sinne eines »verbesserten Mehr des Bisherigen«.

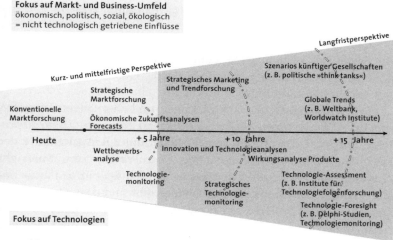

Abb. 2: *Zeit und Zielhorizonte eines Foresight-Prozesses (verändert nach Ruff 2004)*

1.4 Die Entstehungsgeschichte von Foresight

1.4.1 Erste Foresight-Generation

In den 1950er und 1960er Jahren gewann die Auseinandersetzung mit langfristigen technologischen und gesellschaftlichen Entwicklungen sowohl in den USA als auch in Europa zunehmend an Bedeutung – allerdings mit ganz unterschiedlichen Ausrichtungen:

Vor dem Hintergrund einer Technologie- und Wissenschaftsskepsis dominierte bei der Beschreibung möglicher Zukünfte in *Europa* eine Kombination aus Kunst und Wissenschaft. Die Friedensforschung in Norwegen und eine Bewegung in Italien, die Visionsworkshops organisierte, verstanden sich als Gegenentwurf nationalsozialistischer Wahrheits- und Objektivitätsansprüche und waren den emanzipatorischen Leitwerten einer Zivilgesellschaft verpflichtet.

Im Unterschied dazu dominierte in der *US-amerikanischen* Zukunftsforschung das Vertrauen auf ein kontinuierliches wirtschaftliches Wachstum auf der Grundlage zentraler technologischer Planungen und Neuentwicklungen. Das führte – getrieben vom Wunsch der US-Industrie und des US-Militärs nach technologischer Vorherrschaft – einerseits zum verstärkten Einsatz zukunftsvorhersagender Methoden (Forecast) und andererseits zu einem verstärkten technologischen Fokus (Cassingena Harper u. Georghiou 2005).

1.4.2 Zweite Foresight-Generation

Die Folgen des Vietnamkrieges und der ersten Ölkrise in den 1970er Jahren erschütterten auch in den USA den Glauben an Vorhersagbarkeit, Sicherheit und Kontrolle von Planung.

Die Wirkungen unerwarteter Krisen und alternativer Zukunftsentwürfe wurden als wichtige Einflussfaktoren in Zukunftsprozesse integriert. Das führte zur Veränderung der Ausrichtung der Zukunftsprozesse vom Forecasting (Vorhersage) zum Foresight (Vorausschau). Es wurde klar, dass es statt eines »one best way« immer mehrere alternative Zukunftsbilder gibt und dass Organisationen und soziale Systeme selbst entscheiden, welcher Pfad von den vielen möglichen tatsächlich eingeschlagen wird. An die Stelle von Forecasting traten daher die Entwicklung unterschiedlicher Szenarien, Computersimulationen und die Suche nach Steuerungsformen für komplexe soziale Systeme. Auch der Glaube an unlimitiertes Wachstum wurde von Ökonomen und Entscheidungsträgern der Wirtschaft und Politik (beispielhaft durch den Club of Rome) infrage gestellt. Das erweiterte den bisher technologiezentrierten Ansatz der Zukunftsstudien um einen transdisziplinären sozialwissenschaftlichen Zugang: Statt die Verantwortung an eine Fachdisziplin zu delegieren, erkannten die betroffenen Akteure die Notwendigkeit, sie in dieser Situation prinzipieller Entscheidungsunsicherheit für Entscheidungen selbst übernehmen zu müssen.

1.4.3 Dritte Foresight-Generation

In den 1980er Jahren setzte sich die Erkenntnis durch, anstelle technologiezentrierter Förderstrategien den Fokus stärker auf die Veränderung von Rahmenbedingungen zu legen, um die Wachstumsmöglichkeiten der Industrie und der Dienstleistungsbereiche zu verbessern.

Gleichzeitig führte der verstärkte Einsatz der Szenarienentwicklung vermehrt zu szenarienbasierten Studien rund um das Jahr »2000«. In dieser Tradition steht auch die Pionierarbeit Robert Jungks. Er band »normale Bürger« in Zukunftsprozesse ein und integrierte so die Mitgestaltung und -verantwortung der Zivilgesellschaft für aktuelle gesellschaftliche Fragestellungen in die Zukunftsforschung. Foresight wurde nicht mehr nur als Instrument betrachtet, um die ökonomische, ökologische und soziale Zukunft vorherzusagen, sondern als Mittel, um gemeinsam eine wünschenswerte Zukunft zu erfinden. Damit wandelte sich das Prinzip einer deskriptiven Vorhersage der Zukunft zur konstruktivistischen Entwicklung und Mitgestaltung einer wünschenswerten Zukunft durch die betroffenen Akteure selbst.

1.4.4 Vierte Foresight-Generation

Die 1990er Jahre waren von der Verknüpfung nationaler und regionaler Innovationssysteme und der Erweiterung der Foresight-Prozesse um eine Langzeitperspektive geprägt. Bei den damit verbundenen partizipativen Stakeholder-Prozessen war die Nutzung des vielfältigen Know-hows der involvierten Akteure ein wichtiges Erfolgskriterium. Die Bedeutung eines übergreifenden Lernprozesses zur Entwicklung der Innovationsfähigkeit einer Region rückte hier in den Vordergrund. Seit 2000 hat die kooperative Foresight-Kultur in der Europäischen Union an Einfluss gewonnen. Im Kern des Foresight-Prozesses stehen die gemeinsame Visionsentwicklung und ein kollektiver Priorisierungsprozess (Gavigan et al. 2001). Ergebnisse, die sich in mehreren vergleichbaren Foresight-Prozessen wechselseitig bestätigen, werden dann von EU-Repräsentanten mit Vertretern der nationalen Regierungen verhandelt (Konsultationsprozess) und die dabei entstehenden, vereinbarten Ziele in die strategischen Weißbücher der Europäischen Kommission aufgenommen. Diese bilden dann den vereinbarten »strategischen Rahmen« für notwendige Entwicklungsmaßnahmen z. B. der Infrastruktur (für Verkehr, Telekommunikation, Gesundheit etc.) in ganz Europa. Die »Verknüpfung von Prozess und Inhalt« wird in solchen Prozessen zunehmend zu einem zentralen Erfolgsfaktor für das Gelingen eines Foresight-Prozesses.

Tab. 2 fasst die wichtigsten Informationen über die vier Foresight-Generationen zusammen. Das bildet die Basis für das Entstehen und Weiterentwickeln des hier vorgestellten *komplementären*, partizipativen Foresight Prozesses.

Generation (Jahrzehnt)	Erste (1950/60er)	Zweite (1970er)	Dritte (1980er)	Vierte (1990er)
Fokus	Technologie-Forecasts	Technologie und Märkte	Technologie, Markt und Gesellschaft	Innovationssystem
Schwerpunkte	Wissenschaft und Technologie	Industrie und Dienstleistungssektor	Technologische und sozioökonomische Problemlösungen	Strukturen, Rahmenbedingungen, Regionen
Akteure	Experten/ F&E	Forscher und Industrie	Forscher, Industrie, Regierungen und Zivilgesellschaft	Regionale und lokale Akteure
Ziele	»Winner« entdecken; Wettbewerbsvorteile ausbauen	Industrielle Innovationsnetzwerke aufbauen	Nationale Innovationsnetzwerke aufbauen	Selbstorganisation des Innovationssystems

Tab. 2: Vier Foresight-Generationen (Cairncross 2007).

Fazit: In den letzten Jahren hat sich in der internationalen Foresight-Community die Annahme durchgesetzt, dass Zukunft nicht technokratisch vorhersagbar ist, sondern nur von relevanten Stakeholdern gemeinsam entwickelt und gestaltet werden kann. Diese Annahme hat zu einer Adaption und Weiterentwicklung des vorhandenen Methodensets sowie zu einer Verknüpfung von Interventionen und Kommunikationssettings der Organisationsentwicklung mit den bestehenden experten- und evidenzbasierten Foresight-Methoden geführt.

Das vorliegende Managementhandbuch beschreibt als erstes Fachbuch die Architektur und Methodologie eines partizipativen, komplementären Foresight-Prozesses und will seinen Lesern dabei beides nachvollziehbar machen.

1.5 Das Neuartige am partizipativem Foresight

Foresight beschäftigt sich mit Lösungen für gesellschaftlich relevante Herausforderungen wie beispielsweise beschränkte natürliche Ressourcen, Energieeffizienz und erneuerbare Energien, Treibhausgase, Klimawandel, alternde Bevölkerung und Migrationsströme. Dabei werden Systemdefizite frühzeitig identifiziert und strukturelle und prozessuale Verbesserungsansätze präventiv entwickelt. Foresight-Prozesse sind kein Ersatz für politische Programme oder Unternehmens- bzw. Innovationsstrategien. Sie tragen aber dazu bei, dass diese vor dem Hintergrund einer gemeinsam definierten, langfristigen Zukunftsperspektive entwickelt werden können.

Ein partizipativer Foresight-Prozess baut auf dem vorhandenen Expertenwissen zur jeweiligen Fragestellung auf. Die global vorhandenen Erfahrungswerte und Wissensbestände werden dabei durch Dokumenten- und Datenanalyse, Statistiken, Simulationen und Forecasts von Experten aufbereitet. Ihren Aussagewert gewinnen die dadurch gewonnenen Kennziffern und Szenarien allerdings erst durch die Interpretation von Betroffenen und Entscheidungsträgern. Das macht das Einbeziehen von Stakeholdern auch für das inhaltliche Ergebnis zu einem erfolgskritischen Faktor. Neben den erwähnten Experten sind dies Vertreter von Wirtschaft, Forschung, Politik und Verwaltung, aber auch Vertreter von Nichtregierungsorganisationen (NGOs) und der Zivilgesellschaft. Ziel davon ist, das vorhandene Wissen aller involvierten Akteure zu heben und für den Zukunftsprozess zu nutzen. In Großgruppenveranstaltungen wie z. B. Stakeholder-Foren werden alle Zwischenergebnisse präsentiert, auf ihre Plausibilität hin kritisch hinterfragt und gemeinsam weiterentwickelt. Nur was sich in wiederholten Diskursen mit den Stakeholdern bewährt, findet Eingang in strategische Entscheidungen und dient damit als Element für die Neuausrichtung oder Nachjustierung vorhandener Strategien, Umsetzungskonzepte und -maßnahmen. In diesem Sinne verknüpft kooperativer Foresight den experten- und evidenzbasierten Ansatz mit einem partizipativen Lernprozess der wichtigsten Akteure des Innovationssystems wie z. B. »Experten«, Unternehmer, Entscheidungsträger der öffentlichen Verwaltung in einer Region, Stadt, Nation oder einem Kontinent.

Zwei Dimensionen prägen den Foresight-Prozess:

- einerseits der soziale Prozess, der die Mitgestaltung durch betroffene Akteure ermöglicht und benötigt, und
- andererseits die inhaltliche Auseinandersetzung, die die wissenschaftlichen Erkenntnisse bündelt und gemeinsam mit den von den Stakeholdern interpretierten und weiterentwickelten Erkenntnissen die Basis für künftige Handlungsvereinbarungen bildet.

Das »Verweben und Nutzbarmachen« von inhaltlicher Expertenarbeit und sozialen Kommunikationsprozessen ist erfolgskritisch und gleichzeitig die Quelle der Wirksamkeit des partizipativen Foresight-Prozesses.

Foresight ist keine ungesteuerte Auseinandersetzung mit der Zukunft, sondern ein elaborierter Planungsprozess. Variiert werden dabei die Perspektiven der zu wählenden »Zeitspanne« (zwischen 10 und 40 Jahren), der jeweils relevanten »Stakeholder« (Akteursgruppen) und des für die jeweilige Zielsetzung jeweils zieldienlichsten Methodenmix'. Das ermöglicht das Entwickeln und Überprüfen neuartiger Zukunftsbilder und in der Folge prospektiver politischer Entscheidungen, die für politische Akteure ein innovatives Milieu schaffen.

Ziel dieses Prozesses ist eine breit diskutierte und dadurch mitgetragene Lösung gesellschaftlicher, technologischer oder unternehmerischer Fragestellungen. Die in diesem Planungsprozess eingesetzten Methoden dienen dabei nicht nur dem Erkenntnisgewinn, sondern auch dem gemeinsamen Lernen von Personen und Systemen.

Es wird ein Experimentierraum geschaffen: Evidenz- und expertenbasierte Methoden, aber auch interaktionsfördernde und humorvoll-vieldeutige Kreativitätsansätze öffnen dabei einen Raum, in dem Zukunft außerhalb der bestehenden Denkmuster gemeinsam geschaffen wird. Abb. 3 illustriert die Vielfalt der möglichen Methoden, die in Kapitel 4 ausführlicher dargestellt werden.

Foresight ist eine anspruchsvolle Methodologie, um »Open-Innovation-Prozesse« zu gesellschaftlich und technologisch relevanten Fragen in Unternehmen, Regionen oder Kommunen, Wirtschaftssektoren oder politischen Systemen anzustoßen und strukturiert zu bearbeiten. Ein Foresight-Prozess unterstützt dabei den Aufbau von übergreifenden Kooperationen und Netzwerken als Initialzündung für weitere sich anschließende »Open-Innovation-Prozesse«.

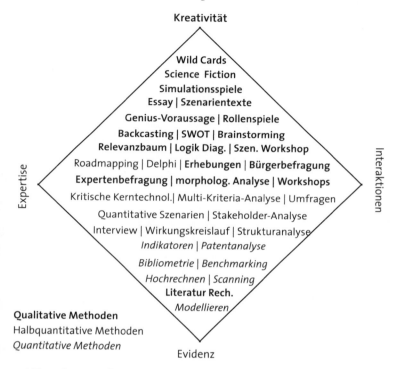

Abb. 3: Popper-Diamant mit unterschiedlichen Foresight-Instrumenten (verändert nach Popper 2008)

Schließlich ist Foresight ein konstruktivistischer Ansatz: Statt einer Deduktion aus den Erkenntnissen der Vergangenheit und der Gegenwart wird eine wünschenswerte Zukunft gemeinsam konstruiert. Das Innovationssystem wird auf Basis eines attraktiven, gemeinsam getragenen Zielbildes von der Zukunft her führbar.

Der in diesem Buch beschriebene Prozess ist mit seinen Instrumenten ein anspruchsvoller Entwicklungsprozess. Der inhaltlichen Komplexität wird mit der prozessualen Komplexität begegnet, wie dies William Ross Ashby in seinem Buch *Law of Requisite Variety* (Ashby 1974) postuliert. Dies ermöglicht einen Priorisierungs- und Selektionsprozess, der weit über gängige Planungsroutinen hinausführen kann. In diesem Sinne ist ein partizipativer Foresight-Prozess eine neuartige und wirkungsvolle, aber auch anspruchsvolle Methodologie zur gemeinsamen Gestaltung der Zukunft.

2 Überblick über den Foresight-Gesamtprozess

2.1 Konzeptionelle Überlegungen

Soziale Systeme der Gegenwart sind dadurch geprägt, dass die Komplexität und Dynamik in ihrem gesellschaftlichen, technologischen und wirtschaftlichen Umfeld die individuellen Wahrnehmungs- und Entscheidungskapazitäten einzelner Akteure oft überfordert. Dies gilt in besonderem Ausmaß für alle Entscheidungsfragen, die mit der Zukunft verbunden sind.

Denn hier sind die Entscheidungsträger unweigerlich mit einer Paradoxie konfrontiert: Nämlich ein System auf die Zukunft auszurichten, obwohl die relevanten Zukunftsentwicklungen noch unsicher und daher nicht berechenbar sind. Diese besondere Anforderung an Entscheidungsträger kann als eine Paradoxie des Wechselspiels von Zukunftsverantwortung bei gleichzeitiger Unkalkulierbarkeit der Zukunft beschrieben werden (Abb. 4). Das Wesen einer Paradoxie besteht nun bekanntermaßen darin, dass der jeweilige Widerspruch grundsätzlich nicht auflösbar ist. Aufgabe von Entscheidungsträgern ist nun, einen klugen Umgang mit dieser konstitutiven Paradoxie zu finden (Nagel 2013).

Verantwortung
für die Zukunft

Unkalkulierbarkeit
der Zukunft

Abb. 4: Paradoxie des Wechselspiels von Zukunftsverantwortung und Unkalkulierbarkeit der Zukunft

Ein Foresight-Prozess ist der soziale Raum, wo zukunftsorientierte Entscheidungen in der Gegenwart vorbereitet werden. Der partizipative, konstruktivistische Zugang unterscheidet Foresight-Prozesse von Forecasting-Methoden, da beim Forecast möglichst präzise Prognosen angestrebt werden. Foresight will Zukunft nicht voraussagen, sondern attraktive Zukunftsbilder innerhalb eines komplexen und partizipativen Prozesses in der Gegenwart entwickeln, festlegen und die zur Umsetzung ihrer Ziele erforderlichen Schritte identifizieren, überprüfen und gestalten.

Dieser konstruktivistische Prozess erfordert die Partizipation von Schlüsselakteuren des Innovationssystems, die gemeinsam Zukunftsbilder und Maßnahmen für ihre Realisierung herausarbeiten. In letzter Zeit wird in Fachpublikationen verstärkt darauf hingewiesen, dass die Prozessorientierung innerhalb des Foresight-Zugangs stärker betont werden sollte. Slaughter (1995) meinte dazu: »Ein aktuelleres und dynamischeres Verständnis von Foresight betont den Prozess mehr als den Abschlussbericht als isolierten Akt eines inhaltlichen Ergebnisses.« (»A more up-to-date and dynamic understanding of foresight stresses the process rather than an isolated act.«)

Im Mittelpunkt eines partizipativen Foresight-Prozesses stehen Bewusstseinsbildung, Problemverständnis und Abstimmung von Handlungen durch eine gemeinsame Diskussion möglicher Zukunftsbilder.

2.1.1 Grundprinzipien des Foresight-Prozesses

Gavigan (Gavigan et al. 2001) nennt Antizipation, Partizipation, Vernetzung, Vision und Aktion (»anticipation, participation, networking, vision and action«) als die fünf Grundelemente von Foresight.

Keenan (Gavigan et al. 2001) betonte die zentrale Bedeutung der Prozessvorteile, von denen das britische Foresight-Programm 2001 stark profitiere, und verweist dabei vor allem auf Netzwerkbildungen und dadurch auf die Stimulierung neuartiger Kommunikationen innerhalb des britischen Innovationssystems.

Cuhls (2000) skizziert die Grundprinzipien des Technologie-Foresight anhand der »sechs K«:

- *Kommunikation:* Experten und Vertreter verschiedener Institutionen des nationalen Innovationsystems kommunizieren innerhalb des Foresight-Prozesses.
- *Koordination:* Die Prozessteilnehmer werden darüber informiert, was andere derzeit planen. Sie können so eigene Überlegungen anpassen und mit anderen Akteuren koordinieren.

- *Konsens:* Es soll zwischen den Teilnehmern möglichst ein gemeinsam getragenes Bild der Zukunft entstehen.
- *Kommissorium* (Sonderauftrag): Durch die schrittweise Erarbeitung eines konsistenten strategischen Gesamtrahmens (Treiber, Trends, Szenarien, Ziele, Roadmap etc.) entlang spezifischer methodischer »Vorgehensmodelle« erwerben die Stakeholder von Foresight-Prozessen eine Breite an Verständnis. Dieses über jeden Abschlussbericht hinausgehende erworbene Wissen erleichtert den Akteuren das Übersetzen und Anwenden der Ergebnisse für aktuelle Fragestellungen und Ziele ihrer Herkunftsorganisation.
- *Komprehension* (Einsicht, Verständnis): Die Beteiligten sollen verstehen, welche Auswirkungen diese Zukunft haben wird und wie sie daher mit ihrer Organisation darauf reagieren sollten.
- *Konzentration* auf die Längerfristigkeit: Der zeitliche Planungshorizont der Teilnehmer wird erweitert und kurzfristiges Denken vermieden bzw. zumindest reduziert.

2.1.2 Kernphasen und Hauptaufgaben eines Foresight-Prozesses

Die Grundstruktur eines Foresight-Prozesses besteht aus drei Kernelementen:

- *Pre*-Foresight: Ziel- und Themenklärung sowie Konzeption des Gesamtprozesses
- *Main*-Foresight: Vertiefte Analyse der verschiedenen Themenbereiche, Entwerfen explorativer und normativer Zukunftsbilder (Prospektion), Innovationsmonitoring und Umsetzungsplanung
- *Post*-Foresight: Vereinbaren von Handlungsempfehlungen und Evaluieren des Gesamtprozesses auf dessen Umsetzungsrelevanz

Obwohl diese Struktur bereits 1989 von Martin im deutschsprachigen Raum eingeführt wurde, wird sie sowohl hier als auch in Europa bisher wenig verwendet.

Cuhls (2000) konkretisiert acht Hauptaufgaben des Foresight-Prozesses und ordnet diese den Phasen des Grundprozesses zeitlich zu (Abb. 5).

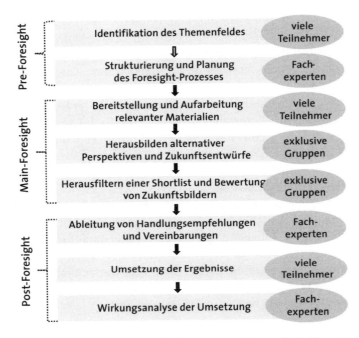

Abb. 5: Ablauf eines Foresight Prozesses (verändert nach Cuhls 2000).

Diese Aufgabenbeschreibungen eignen sich gut für das Verständnis eines Foresight-Prozesses. Der Foresight-Instrumentenkoffer in Kapitel 4 ist entsprechend dieser Logik strukturiert. Die Grafik vermittelt über ihre Darstellung den Eindruck einer streng linearen Abfolge an Prozessschritten. In der Praxis ist ein Foresight-Prozess jedoch ein zirkulärer Anpassungs- und Lernprozess. Die im Verlauf eines Prozesses gewonnenen Erkenntnisse stimulieren immer wieder das Nachjustieren und damit Anpassen des ursprünglichen Auftrags sowie eine Modifikation der geplanten Schritte und ein entsprechendes Nachjustieren der eingesetzten Methoden und der jeweiligen Verwendung bereits erarbeiteter Zwischenergebnisse. Abb. 6 illustriert diese Zirkularität des Foresight-Prozesses.

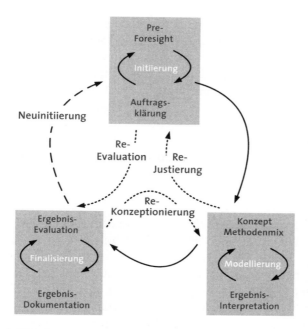

Abb. 6: Zirkulärer Prozess (verändert nach Wilhelmer 2012)

Die folgenden Ausführungen dienen dazu, das Verständnis für die Grundstruktur des Foresight-Prozesses zu vertiefen.

2.2 Pre-Foresight: Ziel- und Konzeptentwicklung

Am Beginn steht eine relevante Zukunftsfrage für ein politisches System, eine Region, eine Kommune, einen Sektor, eine Organisation oder ein Unternehmen. In den vorbereitenden Einzelgesprächen und Konzeptionsmeetings mit relevanten Experten und Entscheidungsträgern werden sowohl Fragestellung als auch methodologische Herangehensweisen schrittweise geschärft. In dieser Phase werden

- zukunftsrelevante Themenfelder und Zielindikatoren identifiziert,
- ein inhaltlicher Rahmen für die Ausrichtung des Gesamtprozesses entwickelt,
- betroffene bzw. relevante Akteursgruppen benannt,

- die nützlich erscheinenden Methoden ausgewählt,
- Experten pro Themenfeld nominiert sowie
- die Architektur eines geeigneten Kommunikations-Setups entworfen (z. B. Kerngruppe, Steuergruppe, Stakeholder-Gruppe, Expertenpanels, Community of Practice etc.).

Bibliometrische Verfahren (Abschn. 4.2.4), Stakeholder-Analysen zur Sichtung der Kooperationsnetzwerke, erste Trendanalysen bzw. interdisziplinäre Fokusgruppen helfen, den geplanten Rahmen zu Beginn zu klären und zu strukturieren.

Am Ende der Pre-Foresight-Phase ist der Foresight-Prozess konzipiert und geplant.

In Wirtschaftsunternehmen wird nun meist eine Projektgruppe mit der Weiterführung des Foresight-Prozesses zu den relevanten Zukunftsfeldern des Unternehmens und seiner Branche beauftragt.

In einem politischen Kontext der Innovationssysteme (z. B. der EU, einer Region, einer einzelstaatlichen oder kommunalen Fragestellung) werden Projektanträge bei einzelnen »Calls« (öffentlichen Projektausschreibungen im Rahmen thematisch ausgerichteter Forschungsprogramme) für spezifische Foresight-Prozesse erstellt und bei der jeweiligen Institution (z. B. Europäische Kommission, FFG etc.) eingereicht.

Interessierte potenzielle Projektauftragnehmer entwickeln auf der Basis der im Pre-Foresight gesetzten Rahmensetzungen bzw. Ausschreibungskriterien ein maßgeschneidertes Foresight-Grobkonzept, das in Abstimmungsgesprächen mit den Auftraggebern finalisiert, budgetiert und beauftragt wird.

2.3 Main-Foresight: Analyse- und Gestaltungsphase

2.3.1 Inhaltliche Ausrichtung

In der Phase des Main-Foresight werden von den Mitgliedern des jeweiligen Projektkonsortiums zuerst unterschiedliche evidenzbasierte und damit die Vergangenheit fortschreibende Zukunftsprognosen entworfen. Die dafür verwendeten Instrumente werden in Kapitel 4 genauer beschrieben.

Die dabei von Experten identifizierten Entwicklungsmuster und Trends werden in Stakeholder-Dialogen auf den Prüfstand gestellt.

Dabei entsteht ein von den verschiedensten Akteuren gemeinsam getragenes Problemverständnis zum jeweiligen Themenfeld des Foresight.

Um den dabei sichtbar werdenden ökologischen, ökonomischen und sozialen Problemen begegnen zu können, wird in einem zweiten Schritt ein gemeinsamer Entwurf einer wünschenswerten Zukunftsvision entwickelt. Dabei entsteht ein normatives Zukunftsbild, das dem Konsortium und allen Stakeholdern als Zielbild für die weitere Ausrichtung des Foresight-Prozesses dient.

Stakeholder hinterfragen und reformulieren diesen Experteninput der Forecasts und entwickeln ergänzend bzw. darauf aufbauend eine qualitative und transdisziplinäre Vision einer wünschenswerten Zukunft. Diese Visionsbilder dienen im gesamten Prozess als kraftvolle Anker für die Planung der notwendigen Umsetzungsschritte und Roadmaps, um die erstrebenswerte Zukunft tatsächlich zu verwirklichen.

Die Umsetzung dieser Hauptaufgaben des Main-Foresights führt zu folgenden Ergebnissen:

- Aufbereiten und Analysieren von Informationen mithilfe von Desk-Research, Expertenpanels, Zukunftsstudien, mathematischen Simulationen, Prognosen etc.
- Entwickeln erster inhaltlicher Ergebnisse in Form von Hypothesen, Szenarien, Simulationen und Forecasts.
- Durchführen von regionalen Workshops, Expertenpanels, Großgruppenveranstaltungen wie Stakeholder-Foren zur Validierung und Weiterentwicklung dieser Zwischenergebnisse.
- Entwickeln einer Vision mit quantitativen und qualitativen Methoden.
- Erarbeiten unterschiedlicher Szenarien zur Ableitung von Handlungsempfehlungen zur Realisierung der Vision (beispielhaft durch Methoden wie Story Lines, Backwards-Szenarien, strategische Leitthemen etc.).
- Überprüfen der Robustheit der Szenarien (Robustheitscheck) und Ableiten strategischer Ziele als Basis für das Erarbeiten von Roadmaps (Umsetzungsmaßnahmen).
- Verdeutlichen von Zielkonflikten und Barrieren sowie Bewerten und Eingrenzen plausibler Zukunftsszenarien und Aktionen (Kurz-, Mittel-, Langfristziele, Portfolioanalysen etc.).

Die wichtigsten Erkenntnisse dieser Arbeitsschritte werden in Zwischenberichten bzw. »Executive Summaries« als Diskussionsinputs zusammengefasst und laufend weiterentwickelt (Abschn. 2.3.4).

2.3.2 Erfolgsfaktor: Verknüpfen von Inhalt und Prozess

Zwei Schlüsselelemente prägen diesen Kernteil des Foresight-Prozesses:

- einerseits die Stakeholder-Dialoge, die die Mitgestaltung der Akteure ermöglichen,
- andererseits die Management-Summaries, die die entstehenden inhaltlichen Erkenntnisse und Ergebnisse bündeln und die Basis für künftige Handlungsvereinbarungen bilden.

Die enge Verzahnung zwischen inhaltlicher Expertenarbeit und sozialen Kommunikationsprozessen ist erfolgskritisch. Ohne fundierte inhaltliche Aufbereitung möglicher künftiger Entwicklungsmuster ergäben sich nur realitätsferne Wunschbilder. Ohne einen kollektiven Willlensbildungsprozess hätten die Ergebnisse wenig politische Akzeptanz und Bodenhaftung. Die Gefahr von Zukunftsstudien, die in der Schublade landen, wäre groß. Die soziale und die inhaltliche Dimension gewinnen ihre Kraft erst durch eine Synchronisierung dieser zwei Dimensionen.

2.3.3 Partizipativer Foresight: Verantwortung und wechselseitiges Lernen

Erfahrungsgemäß empfiehlt sich die kontinuierliche Einbindung von Akteursgruppen. Standen früher Einzelbefragungen und wechselnde Expertenpanels im Zentrum eines Foresight-Prozesses, plädieren wir für kontinuierlich arbeitende Stakeholder-Gruppen, die sowohl thematische als auch regionale Schwerpunkte haben können. Wirksame Partizipation erfordert allerdings die konsequente und möglichst kontinuierliche Einbeziehung der Stakeholder, die in Kooperation mit dem Projektkoordinator, der Steuergruppe und einem Projektkonsortium den Gesamtprozess wesentlich tragen.

Durch wechselnde Großgruppen- und Kleingruppensettings lernen nicht nur einzelne Proponenten, sondern Schritt für Schritt auch das ganze Foresight-System. Mit interaktiven und kreativen Methoden werden das System- und das Personenlernen gefördert.

Durch eine breite Auseinandersetzung mit unterschiedlichen Perspektiven und Expertisen werden die Annahmen und Einschätzungen eines größeren Kreises der Stakeholder in das Entwickeln des Ergebnisses integriert. Dies führt häufig zu einer Neubewertung eigener Beobachtungsmuster. Neue Einsichten und Bewertungen von Perspektiven und Akteuren führen zum Knüpfen neuer und nachhaltiger sektor- und disziplinenübergreifender Beziehungen. Es kann ein Wissens- und Beziehungspool für künftige Initiativen entstehen.

2.3.4 Inhaltliche Summaries als Steuerungselemente

Die zunehmende Einbindung einer großen Zahl an Stakeholdern erfordert neben einer prozessorientierten auch eine kontinuierliche inhaltliche Steuerung. Hier kommt den Instrumenten »Report« und »Executive Summary« eine besondere Steuerungsfunktion im Gesamtprozess zu. Laufende Zwischenberichte an die Stakeholder zwingen die unterschiedlichen Experten zur Integration ihrer Fachperspektive und zu einer verständlichen Darstellung ihrer Forschungsergebnisse.

Die entsprechende Kurzfassung langer Recherchen und Forschungsergebnisse in Form von Executive Summaries erlaubt den Auftraggebern und Stakeholdern zudem eine inhaltliche Vorbereitung auf das jeweils nächste Foresight-Forum. Gemeinsam erarbeitete Ergebnisse aus Vorveranstaltungen werden von den Akteuren »wiedererkannt« und mit neuen Forschungsergebnissen verbunden. In Executive Summaries wird transparent, in welcher Weise die Inputs der Stakeholder in das jeweilige Zwischenergebnis eingeflossen sind. Der dadurch erkennbare wichtige Stellenwert der Foren und Workshops für die letztlich entstehenden Ergebnisse verdeutlicht den Stakeholdern ihre Bedeutung für den Gesamtprozess. Dies motiviert zu einer kontinuierlichen und aktiven Teilnahme an möglichst allen Stakeholder-Foren.

Ergänzend zu dieser Motivationsfunktion sind die Executive Summaries das explizite Gedächtnis des Foresight-Systems. Es ist jeweils transparent, was im Prozess bereits erreicht ist und welche nächsten Schritte anstehen.

Der Endbericht setzt schließlich alle im Prozess entwickelten Bausteine zu einem Gesamtbild zusammen. Er dient als Leistungsnachweis für Auftraggeber, Legitimation zur Freigabe finanzieller Mittel von Entscheidungsgremien und durch die Zusammenfassung in einer Studie als kollektives Gedächtnis des Foresight-Systems für künftige Prozesse.

2.4 Post-Foresight: Implementierung und Evaluation

Wie oben skizziert, sensibilisieren Foresight-Prozesse bei den betroffenen Stakeholdern ein gemeinsames Problembewusstsein in Bezug auf die ausgewählten Fragestellungen. Zur Lösung dieser Problemfelder werden mit Foresight attraktive Zukunftsbilder entwickelt. Deren Umsetzung erfordert koordinierte Handlungen möglichst aller betroffenen Akteursgruppen. Es ist daher offensichtlich, welche Bedeutung der Implementierungsphase zukommt.

In der Post-Foresight-Phase werden alle im Main-Foresight erarbeiteten Ergebnisse in ihren Anwendungskontext gebracht. Konkret heißt dies, dass die Handlungsempfehlungen für die jeweiligen Akteure in der EU, in den Nationalstaaten, in den betroffenen Regionen, in einer Kommune, in einem Sektor oder in einer konkreten Organisation beschrieben und konkretisiert werden. Diese Handlungsempfehlungen werden auf ihre Plausibilität und Robustheit überprüft. Dazu dienen im Post-Foresight-Prozess sog. Wild Cards. Die Wild-Card-Methode ermöglicht es, die erarbeiteten Szenarien und Maßnahmenbündel mit unwahrscheinlichen und unerwarteten Entwicklungen zu konfrontieren, die starke negative Auswirkungen auf den gewünschten Entwicklungsverlauf haben können. Nur Maßnahmenbündel, die diese Konfrontation positiv überstehen, gelten als robust und werden in den Endbericht aufgenommen bzw. als Empfehlung an den Auftraggeber weitergegeben. Sie dienen diesen Auftraggebern in der Folge für

- eine Aktualisierung bestehender oder neuer Förderprogramme,
- das Aufsetzen neuer Steuerungsmaßnahmen im jeweiligen Innovationssystem,
- eine Ausdifferenzierung organisationsinterner Innovationsstrategien und -suchfelder,
- die Einbettung der Foresight-Ergebnisse in den unternehmensinternen Strategieprozess sowie
- die Ableitung von Unternehmens- und Marketingplänen etc.

Im Unterschied zu klassisch expertenorientierten Foresight-Prozessen werden alle Entwicklungs- und Entscheidungsprozesse der Post-Foresight-Phase – analog zur Main-Foresight-Phase – in der Regel von der gesamten Stakeholder-Gruppe sowie vom Projektkonsortium und der Koordination getragen. Erst nach einem Dialog mit den Stakeholdern wird ein endgültiger Bericht durch die Experten verfasst.

In der Scientific Community gewinnen Foresight-Prozesse als partizipative Steuerungsinstrumente für (trans)organisationale Transformationsprozesse zunehmend an Bedeutung. Das spiegelt sich in der wachsenden Anzahl von Foresight-Journals und Publikationen in Journals mit Fokus auf Innovation und Technologieentwicklung wider. Vor allem naturwissenschaftliche Forscher stehen prozessbasiertem Vorgehen nicht selten skeptisch gegenüber.

Daher werden größere Foresight-Prozesse und deren Auswirkungen häufig durch Begleitforschungen evaluiert. Der Fokus liegt dabei besonders auf den durch Foresight veränderten Kooperationen und den Lern- und Umsetzungswirkungen der Teilnehmer in ihren jeweiligen Herkunftsorganisationen.

Die Hauptaufgaben der Post-Foresight-Phase können daher abschließend wie folgt zusammengefasst werden (Cuhls 2000; Abb. 5):

- Ableitung und Vereinbarung von Handlungsempfehlungen mit den Entscheidungsträgern (Ausformulieren von Roadmaps, Aktionsplänen, Politikempfehlungen sowie des Endberichts etc.),
- Umsetzung der Ergebnisse in Zusammenarbeit mit Politik, Wirtschaft, Zivilgesellschaft, und Wissenschaft,
- Wirkungsanalyse der Umsetzungsergebnisse durch Begleitforschung.

3 Foresight-Architektur

3.1 Akteure von Foresight

Die Architektur von Foresight-Prozessen erfordert eine komplexe Projektstruktur mit spezifischen Rollen, Spielregeln und einer eigenen Kooperationskultur. Dies eröffnet den Akteuren einen Experimentierraum durch eine klare Grenzziehung zu ihren Herkunftsorganisationen.

Die Foresight-Akteure sollen ein möglichst breites Spektrum der verschiedenen Institutionen des Innovationssystems abbilden (Abb. 7). Den Vertretern dieser Institutionen muss deutlich sein, dass die Teilnahme am Foresight-Prozess für die jeweilige Herkunftsorganisation einen nachhaltigen Nutzen bringen kann. Nur dadurch ist die Motivation zur Teilnahme sichergestellt.

Abb. 7: Foresight-Akteure in der Politikberatung (verändert nach Scherngell 2003)

3.1.1 Inhaltliche Kompetenzträger

Im Zentrum des Foresight-Prozesses stehen Akteure aus Wissenschaft und Forschung sowie Experten aus forschungsintensiven Unternehmen. Als Treiber radikaler Innovationen sind diese Akteursgruppen leicht identifizierbar und zugleich am besten über den Stand von Wissenschaft und Technik informiert. In der Regel weisen Vertreter dieser Akteursgruppen auch ein ausreichendes Eigeninteresse an Foresight auf. Sie erhoffen sich, ihre eigenen Forschungs- und Entwicklungsarbeiten strategisch relevant ausrichten zu können und bei teilnehmenden Auftrags- und Geldgebern sowohl Verständnis als auch Unterstützung für ihre Anliegen zu erhalten. Das verstärkt die Motivation zur Bereitstellung relevanter Informationen und damit die Qualität der Foresight-Ergebnisse.

3.1.2 Betroffene Bevölkerungsgruppen

Als weitere Akteursgruppen werden Vertreter der betroffenen Bevölkerung bzw. ihre Interessensvertretungen einbezogen. Sie gewinnen durch Foresight-Prozesse Einblicke in Zukunftsplanungen und können dadurch eigene Strategien bzw. Handlungen frühzeitig daran ausrichten.

Einerseits wird dadurch die Akzeptanz für neuartige Lösungen bei Kunden (User-Innovation) und in der Bevölkerung erhöht. Andererseits fließen dabei Rückmeldungen der künftigen Anwender direkt in die Technologieentwicklung und politische Entscheidungsprozesse ein. Im Dialog mit inhaltlichen Experten und mit Vertretern des politischen Systems werden mögliche soziale, ökonomische und ökologische Bedürfnisse und Anforderungen identifiziert und nach Möglichkeit berücksichtigt. Mit der dadurch angestrebten Akzeptanz breiter Anwendergruppen bzw. der Betroffenen erhöht sich auch die Umsetzungs- und Erfolgswahrscheinlichkeit neuartiger Konzepte und Aktionspläne.

3.1.3 Politische Entscheidungsträger

Eine zentrale Rolle innerhalb der Akteursgruppen spielen die unterschiedlichen politischen Entscheidungsträger (z. B. EU-Kommission, Ministerien, Gemeinden etc.) und deren ausführende Organe (z. B. nationale und regionale Fördergesellschaften). Sie treten einerseits als Auftraggeber und andererseits als Entscheidungsträger hinsichtlich der Umsetzungstiefe und -breite der erzielten Ergebnisse im Rahmen (technologie)politischer Maßnahmen auf (Miles 2003).

Aufgrund fehlender Vertretungsmacht benötigen gerade Klein- und Mittelbetriebe (KMUs) die öffentliche Hand oder wirtschaftliche Interessensvertretungen (z. B. Gemeinden, Kammern etc.) als Initiatoren von Foresight-Prozessen. Da die Förderung von KMUs im Interesse der Politik liegt, haben aktuelle Foresight-Prozesse auf nationaler und EU-Ebene häufig einen KMU-Fokus.

Foresight fördert in seiner adaptiven Ausrichtung die Übersetzung europäischer Strategien in regionale oder kommunale Aktionsfelder. Zentrale europäische Trends und Herausforderungen (wie z. B. Mobilität, Umgang mit Energie, Überalterung etc.) werden mit den jeweiligen regionalen Akteuren thematisiert und in zukunftsorientierte und machbare Ziele und Aktionspläne übersetzt.

3.1.4 Akteure in Corporate-Foresight-Prozessen

In Corporate-Foresight-Prozessen von Großunternehmen spielen politische Entscheidungsträger mit Ausnahme öffentlichkeitsnaher Unternehmen (z. B. der Infrastruktur, Gesundheit, Bildung etc.) eine eher sekundäre Rolle. Hier fungieren Entscheidungsträger der Wirtschaft wie international agierende Manager, nationale und regionale Interessensvereinigungen, Cluster-Manager etc. als Auftraggeber und zentrale Umsetzungstreiber von Foresight (Abb. 8). Die Ergebnisse fließen in unternehmensspezifische Strategien und zukunftsorientierte Initiativen ein. Corporate-Foresight-Prozesse in Großunternehmen sind oft auch ein Experimentierfeld für neuartige Ansätze wie z. B. »User Innovation« und werden gern zur Veränderung bzw. Irritation unternehmerischer Routinen und Strukturen sowie zur Umsetzung explorativer Strategien oder zur Rückbesinnung auf Kernkompetenzen bei Kostensenkungsprogrammen genutzt.

Abb. 8: Akteure bei Corporate-Foresight-Projekten

3.2 Die Foresight-Architektur als sozialer Lern- und Entwicklungsraum

Die Foresight-Architektur verknüpft mit anspruchsvollen Kommunikationssettings unterschiedliche Akteure aus Politik, Forschung, Industrie, Technologie, Zivilgesellschaft etc. Sie koordiniert die Kommunikation zwischen den unterschiedlichen Akteursgruppen. Die Foresight-Architektur schafft Räume für ein mentales Durchspielen möglicher künftiger Entwicklungen und ermöglicht dabei das emotionale Erleben der damit verbundenen Chancen und Gefahren: Künftige Risiken werden nicht nur kognitiv, sondern auch emotional erlebbar. Möglichkeiten einer wünschenswerten Zukunft aktivieren Freude, Kreativität, Wissensressourcen und Umsetzungsbereitschaft bei den Akteursgruppen.

Sorgfältig inszenierte Lern- und Erfahrungsprozesse fördern neben individuellem Lernen eine eigenständige soziale Identität des Foresight-Systems. Sorgfältige Grenzgestaltung und Transparenz in der Gestaltung des Gesamtprozesses lassen einen vertrauensvollen Kreativitätsraum entstehen. Eine konsequente symmetrische Kommunikation ermöglicht Schritt für Schritt das Nutzen der Vielfalt der »kollektiven Weisheit« des Stakeholder-Boards mit einer großen Anzahl zentraler Spieler.

3.3 Projektorganisation von Foresight

Durch die Bedeutung sozialer Lernprozesse und der kollektiven Intelligenz des Systems kommt der Projektorganisation eine besondere Bedeutung zu. Neben klassischen Rollen der Projektorganisation wie Projektauftraggeber, Projektleiter, Projektkonsortium, Arbeitspaketgruppen und ihre Leiter und Instrumente wie Projektstrukturplan, Projektdokumentation etc. werden ergänzende Architekturelemente wie z. B. Kerngruppe, Steuerungsgruppe, Stakeholder-Forum, Lessons-Learned-Workshops genutzt. In der Folge wird auf die wichtigsten Elemente einer Foresight-Projektorganisation näher eingegangen:

- Auftraggeber,
- Kernteam,

- Projektkonsortium,
- Stakeholder-Board.

3.3.1 Auftraggeber

Wie schon beschrieben, sind Auftraggeber meist öffentliche Verwaltungen und deren ausführende Organe oder Unternehmen bzw. deren Interessensverbände (Kammern, Vereinigungen). Die Aufgaben des Auftraggebers umfassen:

- Beauftragung des Foresight-Prozesses und klare Definition des Themenrahmens,
- Unterstützung bei der Auswahl und Ansprache zentraler Stakeholder,
- Verständnis für und Unterstützung des Gesamtkonzepts,
- Mit-Steuerung des gesamten Foresight-Prozesses (Meetings mit dem Projektleiter, Teilnahme am Kick-off des Projektkonsortiums bzw. an Schlüsselstellen des Gesamtprozesses),
- Teilnahme am Stakeholder-Prozess, ohne dabei die Dialoge zu dominieren oder einzuschränken,
- Verständnis des inhaltlichen Ergebnisses und
- Weitertragen der Ergebnisse in die Entscheidungsgremien der eigenen Herkunftsorganisation (Politik, Wirtschaft etc.).

3.3.2 Kernteam

Das Kernteam besteht aus einem inhaltlich kompetenten Projektleiter, einem Experten der Foresight-Methode, einem Experten für Prozessinterventionen sowie einer Person als sozialer und organisatorischer Schaltzentrale des Gesamtprozesses. Alle Mitglieder kooperieren auf Augenhöhe und entwickeln im Laufe des Prozesses eine kooperative Kernteamkultur. Diese wird als Steuerungsmodell für die anderen Beteiligten sichtbar und bildet dadurch ein »role model« für den kooperativen Foresight-Prozess als solchen.

Die Aufgaben des Kernteams sind:

- Entwicklung eines maßgeschneiderten Gesamt-Konzepts und Gestaltung der Foresight-Architektur und einzelner Kommunikationsformate,
- Kick-off der Projektarbeit sowie Auswahl und Einladung aller Stakeholder in Abstimmung mit allen Projektkonsortialpartnern,

- Maßschneidern eines innovativen und ausgewogenen Methodenmix pro Prozessschritt (Foresight-Methodologie, Sektorenwissen, Projektmanagementwissen, Prozessinterventionen),
- Steuerung des Foresight als Gesamtprozess und Beachtung der Verknüpfung der sozialen und inhaltlichen Ebene,
- wechselseitiges Lernen auf Basis der Wertschätzung der jeweils anderen Expertise.

3.3.3 Projektkonsortium

Das Projektkonsortium bündelt die notwendige inhaltliche Expertise. Es umfasst bis zu zwanzig unterschiedliche Projektpartner. Das Projektkonsortium bringt die Logiken unterschiedlicher wissenschaftlicher Disziplinen sowie spezifisches Branchenwissen (z. B. Verkehr, Energie etc.) in den Prozess ein. Darüber hinaus sind EU-Projekte prinzipiell so aufgesetzt, dass Nationalstaaten aus dem Norden, Süden, Osten und Westen im Projektkonsortium ausgewogen vertreten sind. Damit wird nicht nur die Verteilung von Geldmitteln in der Union gesteuert, sondern vor allem auch der Integrationsprozess der Europäischen Union vorangetrieben. In einem kommunalen Prozess sind neben Vertretern der Stadt meist Partner aus Industrie, Forschung, Zivilgesellschaft sowie Privatpersonen vertreten.

Bei Corporate-Foresight-Prozessen setzt sich das Projektkonsortium – je nach Zielsetzung und inhaltlicher Ausrichtung – aus Top-Spezialisten unterschiedlicher Organisationseinheiten und Niederlassungen sowie aus Schlüsselpersonen und Entscheidungsträgern des Unternehmens (z. B. Marketing, Verkauf, Produktmanagement, Forschung & Innovation, Controlling, Qualitätsmanagement etc.) zusammen.

Alle Mitglieder kooperieren im Projektkonsortium jenseits von Hierarchien auf Augenhöhe. Sie entwickeln trotz ihrer hohen Spezialisierung und Professionalisierung ein gemeinsames Verständnis der Zielsetzung des Gesamtprozesses. Anstelle isolierter Expertenarbeit sollen aus der jeweiligen Perspektive der einzelnen Disziplin neuartige Zukunftsszenarien entwickelt werden. Die entwickelten Erkenntnisse dienen als Input für die Stakeholder-Dialoge. Diese Inputs werden den Stakeholdern vor jedem Forum in Form kurzer Impulspapiere (Management-Summaries) und während des Forums über Kurzreferate für weiterführende Diskussionen zur Verfügung gestellt.

Zusätzlich zur ihrer Expertenrolle übernehmen die Mitglieder des Konsortiums im Rahmen der Großgruppenveranstaltungen auch Moderations- und Dokumentationsaufgaben. Gemeinsam mit dem Kernteam werten sie die einzelnen Stakeholder-Foren und den Verlauf des Gesamtprozesses aus. Diese Aufgabe fördert ihren Blick auf das Ganze und erhöht ihre Mitverantwortung für das Ergebnis und den sozialen Prozess. Unsere Erfahrungen zeigen, dass gerade dieses Experimentieren mit neuartigen Rollen und Erfahrungen einerseits die Kohäsion im Konsortium und andererseits die Qualität des Resultats erhöht. Das entstehende Ergebnis weist einen hohen Integrationsgrad der unterschiedlichen Expertisen im Gesamtergebnis auf und erhöht dadurch dessen Neuheitswert.

Die Aufgaben des Projektkonsortiums umfassen:

- Einbringen der inhaltlichen oder methodologischen Expertise (Wissen, vorhandene Datenbestände aus vorausgegangenen Projekten, Simulationsmodelle),
- Abbau von Skepsis und Vorurteilen gegenüber anderen Disziplinen,
- Experimentieren mit manchmal ungewöhnlichen Rollen,
- Aufnahme und Integration der Rückmeldungen der Stakeholder in den Gesamtprozess,
- Reflexion, Mitgestaltung und Verständnis des Stakeholder-Entwicklungsprozesses,
- verstärkte Mit-Steuerung des Gesamtprozesses (erfahrungsgemäß ab dem zweiten Forum),
- Verlässlichkeit und Stolz auf die gemeinsam erarbeiteten Ergebnisse.

3.3.4 Stakeholder-Board

Das Stakeholder-Board besteht aus dem Auftraggeber, dem Kernteam, dem Projektkonsortium sowie aus Entscheidungsträgern der einzelnen Akteursgruppen aus Politik, Industrie, Wissenschaft, Bildung, Zivilgesellschaft etc. Die Anzahl der Teilnehmer liegt zwischen 60 und 120 Personen. Das Stakeholder-Forum ist dazu da, das hoch spezialisierte Expertenwissen zu filtern und mit den gesellschaftlich relevanten Fragestellungen des Foresight-Prozesses zu verknüpfen.

Der eigentliche Mehrwert eines Stakeholder-Boards besteht darin, dass Entscheidungsträger ihr explizites und implizites Wissen hinsichtlich möglicher künftiger Entwicklungen aktiv in den Foresight-Dialog einbringen. Positioniert an den Schaltstellen gesellschaftlicher Subsysteme fungieren sie als Sprachrohr für wahrscheinliche Entwicklungs- und Innovationspfade. Damit wird kollektiv vorhandenes, aber unverbundenes Wissen hinsichtlich wahrscheinlicher Trends synthetisiert und mit den Erfahrungen der Experten verbunden.

Eine zentrale Aufgabe der Mitglieder des Stakeholder-Boards besteht darin, im Laufe des Prozesses aus der anfänglichen Rolle des »Anwalts einer eigenen Realität« auszusteigen. Ungewöhnliche Gedankenexperimente mit anderen Stakeholdern zu Wechselwirkungen auf der Ebene des Gesamtsystems können absehbare ökologische, soziale und ökonomische Katastrophen in den Wahrnehmungsradius rücken. Dadurch werden Einzelinteressen schwerer argumentierbar. Erst das Wagnis eines gemeinsamen Zukunftsentwurfs ermöglicht die Nutzung des vorhandenen impliziten Wissens zur Definition neuer Ziele und zu sinnvollen Aktionen in den einzelnen gesellschaftlichen Anwendungsfeldern.

Die Teilnehmer des Stakeholder-Forums nehmen freiwillig und auf eigene Kosten am Foresight-Prozess teil. Daher wird diese Ressourceninvestition in Zeit und Geld nur dann getätigt, wenn ein entsprechender Vorteil für die Zukunft der Herkunftsorganisation erwartbar ist. Allerdings kann gerade auch die frühzeitige laterale Diskussion über neue Entwicklungen zu einem entscheidenden Wettbewerbsvorteil zur Neupositionierung der eigenen Organisation werden.

Folgende Anforderungen werden an Mitglieder des Stakeholder-Boards gestellt:

- kontinuierliche Teilnahme (ideal sind ca. drei Personen pro Organisation),
- Einlassen auf einen ergebnisoffenen Entwicklungsprozess und die damit verbundenen emotionalen und rationalen Auseinandersetzungen,
- Einbringen der jeweils eigenen Expertise,
- Bereitschaft zur Hinterfragung eigener Perspektiven und Positionen sowie Interesse an den Fragestellungen und Bedürfnissen der anderen Stakeholder,
- Übernahme von Verantwortung für den Gesamtprozess durch Übernahme von Moderationsrollen in themenzentrierten Kleingruppen,

- Bereitschaft zur Entwicklung einer Kooperationskultur in der Großgruppe der Stakeholder (z. B. Kooperation statt Konkurrenz, Gesamtziele vor Einzelinteressen etc.),
- Kooperation bei der Entwicklung eines zukunftsorientierten »big picture«,
- Ausbau vertrauensvoller Kontakte und Kooperationen mit den Anwesenden,
- Identifikation möglicher Handlungsfelder für ggf. anschließende Kooperationsprojekte.

Abb. 9 zeigt am Beispiel von Freightvision Europe (FVE), eines groß angelegten, europäischen Stakeholder-Prozesses zur Zukunft des Langstreckenfrachtverkehrs in Europa, das prototypische Zusammenspiel der einzelnen Strukturelemente einer Foresight-Architektur.

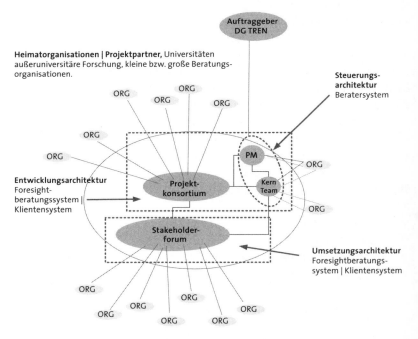

Abb. 9: Projektarchitektur am Beispiel Freightvision Europe

4 Foresight-Instrumentenkoffer

Wie schon dargestellt, ist Foresight keine ungesteuerte Auseinandersetzung mit der Zukunft, sondern ein gesteuerter Kommunikationsprozess. Mit unterschiedlichen analytischen, kreativen und interaktiven Methoden werden neue Zukunftsperspektiven entwickelt und systematisch überprüft. Ziel dieses Prozesses ist eine breit diskutierte und dadurch mitgetragene Lösung technologischer, ökonomischer und gesellschaftlicher Fragestellungen der Zukunft.

Im Unterschied zu gängigen Modellen, die fast ausschließlich über Delphi-Umfragen arbeiten, wird hier ein Überblick über verschiedenste Instrumente geboten, die sich in Foresight-Prozessen bewährt haben. In jedem einzelnen Prozess werden unterschiedliche Tools jeweils maßgeschneidert kombiniert.

4.1 Identifikation des Themenfeldes durch Auftragsklärung

Grundgedanke

Ein Foresight-Prozess ist ein komplexer inhaltlicher und sozialer Prozess. Daher kommt der Zielformulierung und der Klärung der Erwartungen der unterschiedlichen Akteure eine besondere Bedeutung zu. Entsprechend werden die Ziele, das inhaltliche Konzept und eine jeweils maßgeschneiderte, sinnvolle Kommunikationsarchitektur eines Foresight-Prozesses mit Vertretern des Auftraggebersystems und den vom angestrebten Wandeln betroffenen Akteuren ausgehandelt.

Vorgehensweise

Das Vorgehen bei der Auftragsklärung divergiert je nach Kontext des Auftraggebers.

Öffentliche Auftraggeber wie z. B. bei EU-, nationalen, regionalen oder kommunalen Projekten
Hier dominiert die Pre-Foresight-Phase die Logik eines öffentlichen Ausschreibungsverfahrens. Ein »Call« nach Konzeptvorschlägen informiert potenzielle Auftragnehmer über prinzipielle Ziele und über

die grob angedachten Themenbereiche für einen geplanten Foresight-Prozess. Das Budget »pro Call« ist meist auf die Finanzierung einer bestimmten Anzahl von Projekten in einem spezifischen Themenfeld ausgerichtet.

Eine konkrete Ausschreibung ist Anlass dafür, dass unterschiedliche Akteure des Innovationssystems Angebote erstellen. Das gemeinsam entwickelte Konzept orientiert sich an der Ausschreibung und umfasst meist neben einer inhaltlichen Projektbeschreibung einen Überblick über die Kompetenzen des Projektkonsortiums und einer detaillierten Budgetplanung. Die Projektkonsortien selber bilden sich meist auf der Basis von »Empfehlungszusammenhängen« aus früheren Projekten und vom Auftraggeber gewünschter spezifischer nationaler und interdisziplinärer Konstellationen.

Nach Einreichung werden die Konzepte in einem ersten Schritt auf »formale Korrektheit« überprüft. Hält das Konzept dieser ersten Prüfung stand, wird es an eine internationale Jury weitergeleitet, die alle Projekte nach vorab festgelegten Kriterien bewertet und eine entsprechende Reihung vornimmt. Diese Reihung bestimmt darüber, ob das konkrete Projekt von seiner Punkteanzahl unter die Anzahl der »förderwürdigen Projekte« fällt oder nicht.

Nach etwa drei bis vier Monaten Auswahlverfahren wird der Projektleiter schriftlich vom Ergebnis informiert. Im Falle einer positiven Entscheidung erfolgt die persönliche Kontaktaufnahme zwischen Auftraggeber- und Auftragnehmervertretern, die die inhaltlichen, rechtlichen und finanziellen Rahmenbedingungen vereinbaren. Ist dieser Rahmen geklärt, kann das Projekt analog zu Corporate-Foresight-Projekten der Wirtschaft gestartet werden.

Auftraggeber aus der Wirtschaft, aus öffentlichkeitsnahen Infrastrukturunternehmen und Wirtschaftsverbänden
- Durchführen von Auftragsklärungsgesprächen mit den Schlüsselpersonen des Auftraggebers und potenziellen Auftragnehmern,
- Reflexion und Diskussion eines ersten Grobkonzepts mit allen relevanten Beteiligten,
- Finalisieren des Foresight-Konzepts und Aushandlung der budgetären und zeitlichen Rahmenbedingungen.

Sechs hilfreiche Fragen für Erstgespräche:

1. Wer ist der Auftraggeber bzw. der Klient?
   - Name der Organisation(seinheit) und eventuell Anzahl der Mitarbeiter.
   - »Case for action«: Wie ist die Idee zur Durchführung eines Foresight-Prozesses entstanden? Was passiert, wenn nichts passiert?
   - Kontext: Gab es ein ähnliches Projekt schon einmal im Unternehmen? Was war danach anders? Wer würde heute was als Erfolg bzw. Misserfolg beschreiben?
2. Ziele:
   - Gesetzt dem Fall, die Ergebnisse des neuen Foresight-Prozesses würden bereits vorliegen: Was wäre dann im Vergleich zu jetzt anders? Wer würde das als Erster merken? Wer würde davon profitieren? Wer würde dadurch verlieren?
   - Wer sind die Entscheidungsträger? Welche Vorkenntnisse bzw. Vorerfahrungen bestehen mit Foresight-Prozessen?
   - Mit wem sollten die Ziele für den Prozess im Detail konkretisiert werden?
3. Welche Themen müssen unbedingt vorkommen, welche sind »nice to have«?
4. Notwendige Expertise, Akzeptanz und Entscheidungsbefugnis:
   - Wo und von wem wird über die Umsetzung der Ergebnisse entschieden?
   - Welche inhaltlichen Kompetenzen sind wichtig?
   - Welche Umsetzungskompetenz (Anwendungs-Know-how) ist gefordert?
   - Kriterien für die Zusammensetzung der Steuergruppe.
   - Kriterien für Projektteam und Expertenteams.
5. Erwartung an die Rolle des Foresight-Expertenteams und an die des Foresight-Beraterteams?
6. Vorstellungen des Auftraggebers zu Rahmenbedingungen (Dauer, Zeit, Geld etc.).

Methodische Hinweise und Erfahrung

Die Phase der Auftragsklärung ist bereits ein wichtiger Beratungsschritt. Erfolgskritisch für das Konzipieren und Aufsetzen von Foresight sind Expertise im Gestalten sozialer Prozesse und ein reichhaltiger Erfahrungshintergrund in Bezug auf

- eine jeweils passende zeitliche Ausrichtung,
- sinnvolle Kriterien zur Auswahl von Stakeholdern und Eingrenzung von Themenfeldern,
- den real erzielbaren Nutzen für anstehende Entscheidungen und Umsetzungsmaßnahmen immer unter Berücksichtigung zu erwartender oder möglicher Stolpersteine.

Quellen
Wilhelmer, D. (2012).

4.2 Strukturierung und Planung des Foresight-Prozesses

4.2.1 Stakeholder-Analyse

Grundgedanke
Die Stakeholder-Analyse ist ein geeignetes Instrument dafür, die Erwartungen und Motive von Akteuren, die für das Vorhaben relevant sind, zu erkunden. Die Analyse ermöglicht, das Geflecht ihrer kommunikativen Wechselbeziehungen transparent zu machen und dabei Chancen und Risiken für den Projektverlauf zu identifizieren. In Foresight-Prozessen kann sie auch dafür genutzt werden, weiße Felder zu identifizieren, um dort mithilfe von Scannings und bibliometrischen Analysen Zusatzdaten zu erheben.

Vorgehensweise
1. Auswählen der wichtigsten Stakeholder:
   Identifizieren Sie die wichtigsten Interessensgruppen (Stakeholder) und wählen Sie die fünf bis neun wichtigsten aus. Möglich sind alle, die Interessen an einer positiven oder negativen Entwicklung des Foresight-Projekts haben. Beispielhafte Stakeholder-Gruppen sind:

- Auftraggeber,
- Projektkonsortium,
- Kernteam,
- Steuergruppe,

- Vertreter der Wirtschaft, Sektoren, Infrastruktur, Nationalstaaten,
- Vertreter öffentliche Verwaltung (Nationen, Kommunen),
- Vertreter der Wissenschaft,
- Vertreter der Zivilgesellschaft (Mobilität, Energie, Umwelt, Konsumenten etc.),
- betroffene »end-user«,
- andere.

2. Entwerfen eines Bildes des Beziehungsgeflechts:

   Entwerfen Sie ein Bild des Kooperationssystems (Abb. 10): Je wichtiger ein Stakeholder für den Erfolg des Vorhabens ist (inkl. strategischer Möglichkeiten), desto größer sein Kreis; je intensiver die Beziehung, desto näher steht der zugehörige Kreis dem Kernteam. Sporadische Beziehungen illustrieren Sie mit gestrichelten Linien. Die Qualität der Beziehung markieren Sie mit Symbolen.

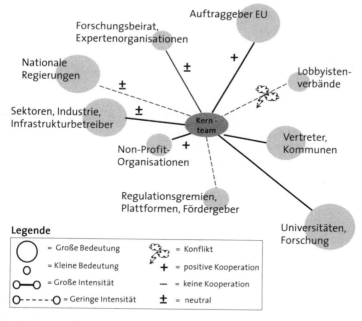

Abb. 10: Stakeholder-Analyse

47

3. Analyse der wichtigsten Beziehungen:
   - Welche Interessen verfolgt der Stakeholder selbst beim Fore-sight-Prozess?
   - Was erwartet, fordert oder befürchtet der Stakeholder?
   - Was erwarten oder fürchten wir vom Stakeholder?
   - Gibt es Koalitionen zwischen einzelnen Stakeholdern? Mit welchen Auswirkungen auf das Projekt?
4. Auswerten nach Chancen und Risiken:
   - Welche Chancen und Bedrohungen ergeben sich aus diesem Stakeholder-Bild?
   - Welche Gestaltungsmöglichkeiten ergeben sich für das Vorhaben?

Methodische Hinweise und Erfahrungen
Empfehlenswert ist, die Stakeholder-Analyse im Rahmen des Kernteams (Projektkoordinator, Foresight-Methoden-Experte, Prozessexperte, Organisation) durchzuführen. Ergebnisse davon sind Auswahlkriterien für Stakeholder und ergänzende Advisory Boards bzw. Expertenpanels. Dauer: zwei bis drei Stunden.

Ergebnis des Instruments
Die Stakeholder-Analyse gibt einen guten Überblick über die Akteurslandschaft und generiert wichtige Hinweise für das Spektrum der einzubeziehenden Stakeholder und Experten. Zusätzlich werden Zielkonflikte transparent.

Typische Anwendungsfelder im Foresight-Kontext
Im Rahmen des Auftragsklärungsprozesses in der Pre-Foresight-Phase als Informationsbasis für die Konzeptentwicklung.

Quellen
Nagel, R. (2009).

4.2.2 Trendextrapolation

Grundgedanke
Diese Methode bietet einen Rahmen, um das makroökonomische Umfeld zu durchdenken. Im Kern geht es darum, die wichtigsten Rahmenfaktoren (Treiber), die das Unternehmen, die Technologie oder ein politisches System in den nächsten Jahren beeinflussen kön-

nen, zu identifizieren und deren strategische Auswirkungen abzuschätzen. Es ist eine einfache und erprobte Methode zu einer ersten Einschätzung von Trends und deren Auswirkungen.

Das Tool der Trendanalyse ist gut geeignet, den durch das Tagesgeschäft verengten Blick der Akteursgruppen wieder zu erweitern. Die Stakeholder begeben sich gemeinsam auf größere Distanz und gewinnen eine umfassendere Perspektive auf das Gesamtsystem der Branche oder des relevanten Themenfeldes. Als prozessorientierte Methode gibt sie einen Impuls dafür, sich über mögliche künftige Entwicklungen zu verständigen und die Chancen und Risiken von der Zukunft her zu bewerten.

Vorgehensweise
1. Festlegen der Zeitperspektive: Wie könnte die Welt in ... Jahren ausschauen?
2. Auswahl der wichtigsten Einflussfaktoren auf die untersuchte Fragestellung:
   - nationale, volkswirtschaftliche und weltwirtschaftliche Entwicklungen, die für das untersuchte Thema von besonderer Bedeutung sind,
   - Wirtschaftsentwicklungen einzelner Regionen und Volkswirtschaften (z. B. Wachstum, Zinsen, Inflation, Geldpolitik, verfügbares Einkommen, Konjunkturzyklen, Energieverfügbarkeit und -kosten etc.),
   - soziokulturelle und demografische Entwicklungen (z. B. Altersstruktur, Familiengröße, Einkommensverteilung, Karriereverhalten, Lifestyle, Werte, Bildungsgrad etc.),
   - Entwicklungen am Arbeitsmarkt (z. B. Arbeitslosigkeit, Mobilität, Fördermaßnahmen etc.),
   - gesellschaftliche Entwicklungen
   - technologische Entwicklungen und Umbrüche, Auswirkungen der ökologischen Umwelten,
   - politische Einflüsse,
   - Auswirkungen des Rechtssystems (z. B. EU-Richtlinien, Steuerpolitik, Umweltgesetzgebung, Wettbewerbsrichtlinien etc.).
3. Formulierung der Trends zu diesen Einflussfaktoren:
   - Wie könnte die für uns relevante Welt in zehn Jahren ausschauen?
   - Welche Trends werden dann voraussichtlich Realität sein?

4. Strategische Bewertung dieses Zukunftsbildes: Welche Chancen und Bedrohungen ergeben sich aus diesen Trends für die untersuchte Fragestellung?

Methodische Hinweise

Diese Methode lässt sich mit einer kleinen Gruppe von ca. drei Personen bis hin zu einer Großgruppe mit 120 Personen – gut eingebettet in ein Prozessdesign – durchführen. Erfahrungsgemäß ist für dieses Instrument mit einem Zeitbedarf von zwei bis vier Stunden zu rechnen. Für die konkrete Erarbeitung sind (abhängig von der Anzahl der Teilnehmer) Gruppenräume, Pinnwände sowie Moderationsmaterial vorzusehen.

Ergebnis des Instruments

Dieses Tool ist gut geeignet, den verengten Blick auf die aktuelle Situation zu erweitern durch

- die Hinzunahme anderer Zeithorizonte,
- das Hinterfragen der eigenen Rolle im Kontext des jeweiligen »Innovationssystems« sowie
- das Identifizieren erwünschter und unerwünschter Auswirkungen der Entwicklungsmuster zentraler Umwelten auf die angezielte Fragestellung und Problemlösung.

Das Stakeholder-Team begibt sich gemeinsam auf größere Distanz und gewinnt eine umfassendere Perspektive auf das eigene Geschäft. Es ist eine einfache Form, sich über mögliche künftige Entwicklungen zu verständigen und die Chancen und Risiken von der Zukunft her zu bewerten.

Typische Anwendungsfelder im Foresight-Kontext

Für kleine Foresight-Prozesse, die der Diagnose der Ist-Situation weniger Raum einräumen und entsprechend keine Forecasts zur Verfügung stellen, ist die Trendextrapolation ein zentrales Instrument für das Entwickeln von Wild Cards, das heißt unwahrscheinlicher und unerwarteter Entwicklungen mit starken Effekten auf angezielte (Technologie-)Szenarien und empfohlene Maßnahmenbündel (Roadmap).

In großen Foresight-Prozessen werden Trendextrapolationen in der Regel von Projekt-Konsortialpartnern (Wissenschaftlern, Politikberatern) evidenzbasiert erarbeitet: Experten können auf Basis jahrzehntelanger Befragungen auf ein breites Datenmaterial (Statistiken) zugreifen und daraus Aussagen zu sektorenspezifischen »Trends« »konstruieren« (z. B. Entwicklungsmuster der interkontinentalen europäischen Nachfrage nach Frachtverkehr; demografische Entwicklungen etc.). In diesem Fall geht es eher darum, klare Fragen an diese Experten zu formulieren, um nachvollziehbare Trends für einen Plausibilitätscheck im Rahmen des Stakeholder-Dialogs zur Verfügung gestellt zu bekommen.

Quellen
Ulrich, H. (1987); Scherngell, T. (2003); Nagel, R. (2009).

4.2.3 Analyse der Branchendynamik

Grundgedanke
Der Wettbewerb in einer Branche, seine Intensität und seine charakteristischen Strukturen entscheiden vielfach über Erfolg und Misserfolg. Mit einer durchdachten Wettbewerbsstrategie kann sich ein Unternehmen, ein Cluster oder eine Region innerhalb einer Branche möglichst Erfolg versprechend positionieren. Das »Modell der fünf Wettbewerbskräfte« ist der Bezugsrahmen, mit dem Michael Porter die Branchenstruktur untersucht (Abb. 11). Die fünf Kräfte bestimmen, wie attraktiv eine Branche ist. Dieser Strukturanalyse kann man die Spielregeln einer Branche entnehmen, aus denen Chancen und Risiken abgeleitet werden können.

Abb. 11: Modell der fünf Wettbewerbskräfte von Porter

Vorgehensweise

1. Analysieren Sie die Branchenstruktur an Hand des von Porter entwickelten Modells:
   - Analyse der Intensität der Branchenrivalität,
   - Bedrohung durch neue Konkurrenten,
   - Analyse der Substitutionsgefahr,
   - Analyse der Verhandlungsmacht der Kunden in der Branche,
   - Analyse der Verhandlungsmacht der Lieferanten.

2. Zusammenfassung der Branchenstruktur:
   Die Ergebnisse dieser Branchenanalyse sollten schriftlich festgehalten werden, weil künftige Wettbewerbsstrategien von ihnen abgeleitet werden.

3. Beschreiben Sie die Spielregeln der Branche:
   Mit einem neu gewonnenen Verständnis der Branchenstruktur kann man relativ leicht die tieferen Muster dieser Branche erkennen.
   - Welche Logik prägt dieses Geschäft?
   - Wie lauten die fünf bis sieben wichtigsten Spielregeln in dieser Branche?
   - Wann gewinnt man und wann verliert man in dieser Branche?
   - Gibt es Wettbewerber, die das Potenzial haben, völlig neue Regeln zu definieren und den anderen Marktteilnehmern aufzuzwingen?

4. Erkennen Sie die Chancen und Risiken des Unternehmens, des Clusters, der Region etc. angesichts dieser Spielregeln.

Methodische Hinweise

Dieses Tool eignet sich für eine Teilnehmerzahl von einer bis 15 Personen und erfordert einen Zeiteinsatz von drei bis vier Stunden. Nützliche Hilfsmittel sind Pinnwände, Moderationskarten, Stifte und eventuell vorhandene Studien zur Branchen- und Marktentwicklung.

Ergebnisse des Instruments

Dieses Instrument hilft, ein Verständnis für die Logik und die Spielregeln einer Branche zu gewinnen. Es fördert die Auseinandersetzung nicht nur mit der unmittelbaren Konkurrenz zwischen Unternehmen oder Standorten, sondern auch mit anderen wichtigen branchenbeeinflussenden Faktoren. Mit diesem Denkmodell kommen auch künftige Veränderungen der Branche in den Blick.

Quellen
Porter, M. (1983); Nagel, R. (2009).

4.2.4 Akteursanalyse mit bibliometrischen Verfahren

Grundgedanke
Bibliometrische Verfahren sind quantitative Analysemethoden wissenschaftlicher und technologischer Publikationen. Über die Suche nach Begriffen in unterschiedlichsten Wissenschaftsjournalen und Datenbanken werden sowohl Trends wie auch Akteure oder Themen gescannt. Am häufigsten werden dabei Zitations- und Inhaltsanalysen durchgeführt. Die Analyseergebnisse werden als »Akteurs-« oder »Themennetzwerke« visualisiert und oft als inhaltlicher Impuls im Rahmen von Strategie- und Foresight-Prozessen verwendet.

Ergebnisse sind die Identifizierung weltweit verstreuter Experten für eine spezifische Fragestellung, die Visualisierung emergierender Technologien mit schwachen Signalen im Vergleich zu »Hype-Themen« sowie die Transparenz von Forschungs- und/oder Industrienetzwerken etc. (Abb. 12). Manche Forschungsbereiche nutzen bibliometrische Analysen für das quantitative Assessment der Relevanz spezifischer Forschungsthemen (Abb. 13).

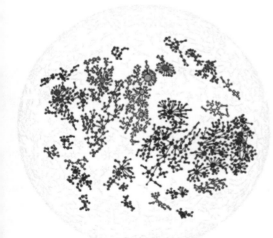

- Vernetzung von Wissenschaftlern über Stipendien
- Landkarte der Vernetzungsstrukturen
- Personen als Kreise dargestellt
- Besuche als Verbindungen dargestellt
- Themennetzwerke sichtbar
- Rollen von Einzelpersonen sichtbar
- Personen und ihre Einbindung in Netzwerkstrukturen auswertbar

Abb. 12: Preisträger und Stipendiaten der Humboldt-Stiftung (Schiebel 2012)

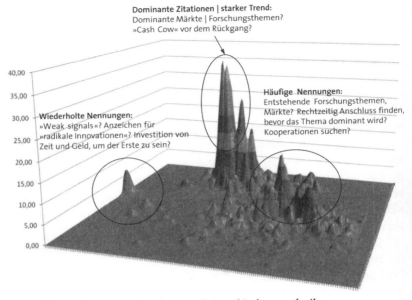

Abb. 13: Forschungsschwerpunkte bei Verbindungstechniken
(Schiebel 2012)

Drei Indikatoren bilden die Basis dafür, das Verfahren in Foresight-Prozessen einzusetzen:

- Anzahl aller Publikationen oder Patente zu einem speziellen (Forschungs-/Technologie-/Produkt-) Feld: Ihre Kenntnis ermöglicht eine gute Einschätzung in Bezug auf vorhandene Forschungsinteressen und vorliegende Ergebnisse.
- Co-Citation- und Co-Word-Analyse: Sie messen die Verknüpfungen zwischen Publikationen und Patenten und können ihrerseits auf die Gesamtzahl von Publikationen und Patenten bezogen werden. Dadurch werden Akteursnetzwerke in Forschungsfeldern sichtbar.
- Zitations- und Wirkungsanalyse zur Erhebung des Nutzens von Wissenschaft und Forschung: Dabei wird davon ausgegangen, dass eine Arbeit/Forschungsfrage/Technologie oder ein Akteur umso wichtiger ist, je öfter sie bzw. er zitiert wird.

BibTechMon™ ist eine Software für bibliometrisches Technologiemonitoring. Sie wurde entwickelt, um eine große Menge von Informationen zu analysieren und zu visualisieren. Mehrere Tausend Dokumente aus externen und internen Datenbanken oder aus dem Internet können mithilfe dieser Software analysiert werden. Der Vorteil dieser Methode der bibliometrischen Analyse bezieht sich auf die Möglichkeit einer inhaltsbezogenen Strukturierung von Informationen, der Identifikation von Unterthemen, der Visualisierung von Inhalten und von Strukturen und Verbindungen zwischen Informationen und Unterthemen.

BibTechMon™verfügt über ein breites Anwendungsspektrum: Es ist im Patentmanagement, Technologiemonitoring oder für die Identifikation und Analyse von Kooperationsnetzwerken und Verhalten zwischen Personen und Organisationen nutzbar. BibTechMon™ wurde entwickelt, um strategisch relevante Informationen für Prozesse aufzubereiten.

Vorgehensweise

Obwohl bibliometrische Analysen keine strikte Abfolge von Schritten umfassen, kann der Einsatz folgender Grundschritte immer wieder beobachtet werden:

1. Auswahl der Datenbanken in Bezug auf den Science Citation Index (SCI).
2. Automatisierte Suche: Sie wird nach dem Festlegen der Suchworte und der Auswahl der Datenbanken gestartet.
3. Überschneidungen, nicht relevante Artikel oder fehlerhafte Doppelnennungen werden manuell aussortiert.
4. Kategorisierung: Das Resultat, z. B. eine kurze Liste von Publikationen, wird in unterschiedliche Forschungsfelder, Perspektiven etc. kategorisiert. Die Kategorien leiten sich direkt aus den Anforderungen des Auftraggebers und dem damit verbundenen Anwendungskontext ab.
5. Abschließend werden die aktivsten Autoren oder die am häufigsten genannten Journale und Conference Proceedings in Beziehung zur Fragestellung des Auftraggebers analysiert und die Ergebnisse visualisiert.

Methodische Hinweise und Erfahrungen

Der Zugang zu Publikationsdatenbanken ist Voraussetzung für die Anwendung des Verfahrens. Bibliometrische Analysen erfordern die

Einbettung in Entwicklungsprozesse und zumindest zwei Workshops (Auftragsklärung und Auswahl der Suchbegriffe; Präsentation der Ergebnisse und Auswertung ihrer Aussage für die Auftraggeber). Die Qualität der bibliometrischen Analyse hängt unmittelbar vom Gelingen der Eingrenzung geeigneter Suchbegriffe und ihrer Verknüpfung ab.

Ziele und Ergebnisse des Instruments

Transparenz über Akteurs- und Kooperationsnetzwerke in Bezug auf bestimmte Themen als Basis für die Zusammensetzung von Expertenpanels oder Stakeholder-Foren. Weiche Hinweise durch Zunahme von Publikationen und Forschungen zu bestimmten Themen und Technologien.

Typische Anwendungsfelder im Foresight-Kontext

Hilfreich in der Pre-Foresight-Phase ist vor allem die Identifikation der Experten-Cluster, die zum Foresight-Prozess eingeladen werden sollen. Zugleich helfen sie bei der Präzisierung von Indikatoren, mit deren Hilfe emergierende Technologien, Key-Player und die Entwicklung von Kooperationsnetzwerken identifiziert werden können.

Neben der Identifikation zentraler Akteure werden bibliometrische Analysen im Rahmen von Foresight-Prozessen für das Forecasting des Emergierens oder der Diversifikation von Technologien verwendet. Weitere Anwendungsfelder finden sich im Scannen der Diffusion von Technologien oder Produkte für die Industrie.

Quellen

Schiebel, E. (2002).

4.2.5 Design des Foresight

Grundgedanke

Das Foresight-Konzept wird in der Literatur auch »Foresight-Design« oder »inhaltliche Foresight-Architektur« genannt. Da das Konzept oft das Ergebnis eines Pre-Foresight darstellt, fokussiert es zumeist auf die Beschreibung des Main-Foresight (Konsultationsphase) und des Post-Foresight (Handlungsempfehlungen und Evaluation) und verweist in der Ausgangsituation auf Schritte und Ergebnisse des Pre-Foresight.

Das Foresight-Konzept fungiert als Meta-Landkarte zur Planung, Durchführung und Steuerung komplexer Foresight-Prozesse. Es ermöglicht dem Projektkoordinator und den Prozessexperten einerseits die inhaltliche und prozessorientierte Gesamtsteuerung des Foresight und unterstützt durch seine Rahmenziele das Auswählen und Kombinieren einzelner Methoden und Akteure in den einzelnen Schritten.

Vorgehensweise
Hilfreiche Fragen für die Konzeptentwicklung:

1. Welche internen und externen (Interessens-)Gruppen werden vom Ergebnis betroffen sein? Welche eigenen Ziele und Interessen bringen sie ein?
2. Welche inhaltlichen Experten und welche Entscheidungsträger (Wissenschaft, Wirtschaft, öffentliche Verwaltung, NGO) sollten unbedingt einbezogen werden, mit welchem Ziel? Wie kommen wir zu den Personen?
3. Wie stellt sich der »case for action« aus der Perspektive der einzelnen Gruppen dar? Welchen Nutzen kann der Prozess für sie selbst haben?
4. Was sind die erwarteten (Zwischen-)Ergebnisse aus Sicht des Auftraggebers, aus Sicht der Stakeholder? Aus Sicht der Projektverantwortlichen?
5. Erfolgsspielregeln: Was brauche ich in meiner Rolle als Foresight-Berater vom Auftraggeber, vom Projektkonsortium, von den Stakeholder-Gruppen, damit das Projekt gut aufgesetzt werden kann und gelingt?
6. Misserfolgsregeln: Was muss passieren, damit wir das Foresight-Projekt möglichst rasch »in den Sand setzen«?

Ergebnis des Instruments
Zusammenfassung einer inhaltlichen Architektur im Zeitablauf, Festlegung der Kommunikationsarchitektur und des Finanzierungsplans. Die grafische Darstellung des Designs »Der deutsche Forschungsdialog« verbindet auf einen Blick nachvollziehbar die drei Steuerungselemente: inhaltliche Schritte, Arbeitssetting wie z. B. Fokusgruppe, Konferenz etc. und Zeitablauf (Abb. 14).

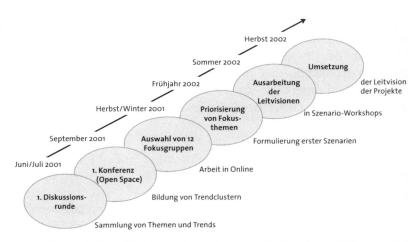

*Abb. 14: Fallbeispiel eines Designs »Der deutsche Forschungsdialog 2001/2«
(zit. nach Scherngell 2003)*

Typische Anwendungsfelder im Foresight-Kontext
Das Foresight-Design bzw. Foresight-Konzept ist Teil des Auftragsklärungsprozesses bzw. das zentrale Element eines eingereichten
Projektvorschlags in einem nationalen oder europäischen Ausschrei-
bungsprozess.

4.3 Bereitstellung und Aufarbeitung relevanter Materialien

Nach der Pre-Foresight-Phase und deren Instrumenten werden nun
die verschiedenen Tools der Main-Foresight-Phase im Detail vorgestellt.

4.3.1 Umfeld-Scanning

Grundgedanke
Systeme werden manchmal mit unerwünschten Ereignissen geringer
Wahrscheinlichkeit, aber hoher Auswirkung konfrontiert (Definition
von Wild Cards). Die Methode des Umfeld-Scannings zielt auf die
Identifikation »schwacher Signale« von sich abzeichnenden Änderungen ab und dient damit als Frühwarnsystem vor Trendbrüchen. In
seinen Suchprozessen fokussiert das Umfeld-Scanning auf Trends,

Erwartungen unterschiedlicher Interessensgruppen sowie auf Einzelereignisse oder kurzzeitig als problematisch wahrgenommene Situationen.

Es gibt unterschiedliche Ansätze des Umfeld-Scannings:

- Eine Person oder eine Gruppe von Personen wird mit dieser Aufgabe betraut und erstattet ihrer Organisation regelmäßig Berichte.
- Informationen und Unterlagen können auch über Web- und Online-Datenbank-Searches sowie das Scannen von Medien und Aufbereiten von Dokumentenanalysen gefunden werden. Text-Mining, Bibliometrie oder Patentanalysen sind bewährte Methoden zur Unterstützung des Umfeld-Scannings.
- Einsatz von Expertengruppen: Mitglieder der »Panels« werden systematisch nach relevanten künftig erwarteten Entwicklungen befragt. Dabei kann die Zusammensetzung der Expertengruppe periodisch verändert werden, um das Aufkommen neuer Sichtweisen zu fördern.

Der mit dem Umfeld-Scanning verbundene Aufwand macht dann Sinn, wenn dieser Ansatz in ein kontinuierliches Umfeldmonitoring integriert wird.

Vorgehensweise
1. Situationsanalyse auf Basis von Sekundärdaten.
2. Erstellen einer Liste wichtiger (Problem-)Themenstellungen auf Basis der Sekundäranalyse.
3. Situationsanalyse auf Basis von Primärdaten der wichtigsten Stakeholder-Gruppen.
4. Priorisieren der Themenstellungen.
5. Aufbereitung der wichtigsten Umfeldentwicklungen.

Ergebnis des Instruments
Das Umfeld-Scanning ermöglicht eine frühe Identifizierung relevanter Zukunftsentwicklungen und erweitert dadurch den Zeitraum für eine möglichst frühzeitige Vorbereitung einer angemessenen Reaktion (vgl. FOR-LEARN Online Guide [UNIDO 2005]).

Für forschungsintensive Organisationen ist das Umfeld-Scanning ein wichtiger Zugang zu Informationen über emergierende

Trends und externe Faktoren, die relevant werden könnten. Der Einsatz des Umfeld-Scannings erhöht die Adaptions- und Lernfähigkeit einer Organisation. Auch empirisch wurde eine positive Korrelation zwischen dem Einsatz von Umfeld-Scannings und einer positiven Performance eines Unternehmens nachgewiesen.

Typische Anwendungsfelder im Foresight-Kontext
Umfeld-Scanning wird im Rahmen des Pre-Foresight für die Identifikation emergierender Technologien und relevanter Trendbrüche eingesetzt. Dieses Instrument gilt daher als wichtiger erster Schritt bei der konkreten Planung von Foresight-Prozessen. Das Ergebnis des Scannings, die priorisierte Themenliste, kann vom Auftraggeber für die Präzisierung von Indikatoren und die Eingrenzung relevanter Themenfelder eines Foresight-Prozesses genutzt werden.

Darüber hinaus können inhaltliche Ergebnisse auch für die Entwicklung von Hypothesen und die Durchführung von Delphi-Befragungen genutzt werden.

Quellen
Aguilar, F. J. (1967); UNIDO 2005; Guion, L. A. (2010); Slaughter, R. A. (1990); UNIDO (2005).

4.3.2 Critical Key Technologies

Grundgedanke
Mit dieser Methode werden Technologien identifiziert, von denen angenommen wird, dass sie die zukünftige Entwicklung von Wirtschaft und Gesellschaft maßgeblich beeinflussen werden. Da bei diesem Verfahren von der Gegenwart ausgegangen wird, zählt die Methode der Key Technologies zu den explorativ-qualitativen Methoden.

Vorgehensweise
1. Die Identifikation kritischer Technologien erfolgt zum einen durch die Dokumentenanalyse (Re-Analyse) von bereits durchgeführten Foresight-Prozessen und zum anderen durch Diskussion in Expertenpanels.
2. Größtenteils werden die Einschätzungen der umsetzungsrelevanten neuen Technologien aber durch Interviews mit Experten aus Industrie und Forschung gewonnen.

3. Zusätzlich wird in einer Vergleichsanalyse der aktuelle länderspezifische Stand der genannten Technologie untersucht und herausgearbeitet.

Ziele und Ergebnisse des Instruments
Die Stärken dieser Methode liegen darin, dass die Breite des Expertenwissens über den derzeitigen Stand von Technologien in einem oder mehreren Ländern ermittelt werden kann.

Methodische Hinweise und Erfahrungen
Das Ergebnis von Critical-Technologies-Erhebungen ist weniger geeignet, um Politikempfehlungen für Entscheidungsträger zu formulieren. Die Methode dient vielmehr der Formulierung von Hypothesen für Delphi-Umfragen oder als Einstieg für weiterführende Technologiemonitorings.

Quellen
Scherngell, T. (2003).

4.3.3 Kernkompetenzanalyse

Grundgedanke
Die Kernkompetenz einer Organisation besteht nicht aus einer bestimmten Einzelfähigkeit oder Einzeltechnologie, sondern aus einem ganzen Bündel von Grundfertigkeiten. Mit einer Kombination dieser Fertigkeiten kann eine Organisation seinen Kunden einen bestimmten Vorteil anbieten. Kernkompetenzen sind die »Wurzeln« des Erfolgs, während die einzelnen Produkte und Dienstleistungen die »Früchte« sind, die aus diesen Wurzeln hervorgehen. Kernkompetenzen schaffen die Basis für eine zukunftsorientierte Steuerung des eigenen Unternehmens.

Mit dieser Methode können die Kernkompetenzen eines Unternehmens, einer Region, eines Standorts etc. herausgearbeitet werden.

Vorgehensweise
1. Erfolge der Vergangenheit (»gestern«):
   • Was waren die erfolgreichsten Produkte und Projekte der letzten Jahre?

- Welche Faktoren waren aus unserer Sicht für diesen Erfolg im Einzelnen ausschlaggebend?
2. Unterscheidbarer Kundennutzen (»außen«):
   - Wie würde der Kunde oder Abnehmer den wesentlichen Nutzen unseres Produkts oder unserer Leistung beschreiben?
   - Warum ist der Kunde bereit, für ein bestimmtes Produkt mehr zu bezahlen als für ein anderes?
3. Analyse einzelner Geschäftsprozesse (»innen«): Welche Kernprozesse beherrschen wir außergewöhnlich? Beispiele: Auftragsabwicklung, Leistungserstellung, Kundenbindung, Logistik sowie Managementprozesse (strategische Ausrichtung, Organisationsentwicklung, Personalmanagement, Controlling, Produkt- und Technologieentwicklung etc.)
4. Unterschiede zu den Mitbewerbern (»außen«):
   - Wie beschreiben unsere Kunden den Unterschied zwischen uns und unseren Mitbewerbern? Was können wir nach ihrer Ansicht besser/anders als andere Anbieter?
   - Wie würden die Mitbewerber diesen Unterschied beschreiben? Wie denken wir selbst darüber?
   - Was versucht man von uns zu kopieren? Gibt es etwas, worum man uns beneidet?
5. Ausbaufähigkeit unserer Kernkompetenzen (»morgen«):
   - Haben die bisher angedachten Kernkompetenzansätze das Potenzial für eine Fülle neuer Produkte und Dienstleistungen oder drohen sie zu einem »Mindesteinsatz« zu werden?
   - Welche Kernkompetenzen werden in unserem Geschäft voraussichtlich in den nächsten Jahren eine Voraussetzung für den Erfolg bilden?
6. Zusammenfassung der gefundenen Kernkompetenzen.

Es empfiehlt sich, während der Schritte 1 bis 6 die sichtbar gewordenen Kernkompetenzen für sich zu dokumentieren. Außerdem hat es sich bewährt, die identifizierten Kernkompetenzen des Unternehmens grafisch darzustellen. Dies fördert die Kommunikation über diese Kernkompetenzen ganz erheblich.

Methodische Hinweise
Die Kernkompetenzanalyse ist eine kognitiv anspruchsvolle Recherche. Sie verlangt ein nicht zu unterschätzendes Abstraktionsvermögen

der Teilnehmer. Ohne Moderation ist diese Methode bei einer größeren Anzahl an Teilnehmern nicht zu empfehlen. Erfahrungsgemäß erfordert dieses Tool etwa drei bis vier Stunden. Bei einer größeren Anzahl empfiehlt es sich, parallele Kernkompetenz-Rechercheteams zu nutzen, um in einem zweiten Bündelungsschritt die Validität der einzelnen Ergebnisse besser abschätzen zu können.

Ergebnisse des Instruments
Für uns ist die Beschäftigung mit den Kernkompetenzen besonders wichtig, weil die Firma damit konsequent auf die Ressourcen der Organisation als Quelle für ihre Wettbewerbsfähigkeit achtet. Ziel dieses Suchprozesses nach Kernkompetenzen ist es, sich ein umfassendes, fundiertes Verständnis von Fähigkeiten zu erarbeiten, denen die Firma ihren derzeitigen Erfolg verdankt.

Quellen
Hamel, G., Prahalad, C. K. (1997); Nagel, R., Wimmer R. (2011).

4.3.4 Desk-Research zu Foresight-Studien

Grundgedanke
Desk-Research zielt auf das Erheben von State-of-the-Art-Informationen zu spezifischen Fragestellungen der weltweit schon vorliegenden Foresight-Studien. Ergebnis einer Desk-Research ist die Beschreibung des vorhandenen Wissens zu den bisherigen durchgeführten Foresight-Projekten.

Dadurch soll eine Doppelung bereits vorhandener Forschungs- und Foresight-Ergebnisse vermieden werden. Schließlich ermöglicht Desk-Research, dass Projektkonsortien von anderen Projekten lernen. Extrahierte Kernaussagen und Fragestellungen können für das Präzisieren der Ziele und Fragestellungen neuer Foresight-Konzepte genutzt werden.

Vorgehensweise
1. Klärung des Suchfeldes:
   - Formulieren von Hypothesen und Fragestellungen,
   - thematische Eingrenzung inhaltlich relevanter Studien,
   - Erstellung eines Analyserasters zur Evaluation der vorliegenden Foresight-Dokumente.

2. Recherche thematisch relevanter Studien,
3. Textanalyse nach dem vorgegebenen Analyseraster,
4. Auswertung der Ergebnisse in Form überarbeiteter Hypothesen und weiterführender Forschungsfragen,
5. Kommunikation und Präsentation der Ergebnisse mithilfe eines Foliensatzes und/oder Berichts,
6. Implementierung der Ergebnisse in ein Foresight-Konzept bzw. Thematisierung der Erkenntnisse im Rahmen von Stakeholder-Foren oder Expertenpanels.

Ergebnis des Instruments
Desk-Research dient dazu, dass Auftraggeber, Auftragnehmer und die in den Prozess involvierten Stakeholder eine gemeinsame Problemsicht entwickeln. Desk-Research liefert:

- eine Aufbereitung der Status-quo-Beschreibung des vorhandenen Foresight-Wissens zu einer spezifischen Fragestellung,
- die Transparenz in Bezug auf Übereinstimmungen und Widersprüche in den vorhandenen Studien und Wissensbeständen,
- die Identifikation widersprüchlicher Kernaussagen und die Präzisierung weiterführender Fragestellungen,
- erste Forschungshypothesen zu Wirkungszusammenhängen und Entwicklungsmustern.

Typische Anwendungsfelder im Foresight-Kontext
Desk-Research wird im Rahmen des Pre-Foresight zur Programm- oder Konzeptentwicklung genutzt. In der Main-Foresight-Phase dient diese Methode zur Konkretisierung »externer Treiber« als Rahmensetzung für Simulationen, Expertenpanels und Forecasts. Damit trägt Desk-Research wesentlich zur Definition der Wichtigkeit und Dringlichkeit globaler, regionaler, nationaler oder organisationaler Änderungsprozesse bei.

Quellen
Wilhelmer, D. (2012).

4.3.5 Text-Mining

Grundgedanke

Text-Mining bezieht sich auf die Erhebung bisher unbekannter Informationen über automatisierte Suchprozesse in einer Vielzahl unterschiedlicher Textquellen. Ein Kernelement dieser Technik ist das Verknüpfen der gewonnenen Information zu neuen Sachverhalten oder Hypothesen, die dann über konventionelle Verfahren weiter vertieft werden können. Im Unterschied zu Websearch gilt Text-Mining als explorative Suche nach bisher unbekannten und noch nicht ausformulierten Informationen.

Als Teilbereich des Data-Mining zielt Text-Mining auf das Auffinden interessanter Muster in großen Datenquellen ab. Im Unterschied zu Data-Mining extrahiert das Text-Mining Muster aus Sprachtexten und nicht aus strukturierten Datenbanken. Damit übernimmt Text-Mining die Strukturierung des Originaltextes, eine Ableitung von Mustern innerhalb der Strukturen sowie die Evaluation und Interpretation der gewonnenen Ergebnisse.

Die Aufgabe des Text-Minings umfasst typischerweise das Kategorisieren und Clustern von Texten, das Ableiten von Konzepten und das Produzieren hoch spezialisierter Systematiken – ergänzt durch Stimmungsanalysen und Zusammenfassungen der Dokumente.

Vorgehensweise

1. Definition der Kernfragen, die mit Text-Mining untersucht werden sollen.
2. Passende Daten einholen: Hunderte Datenbanken können dafür genutzt werden, jene Daten einzugrenzen, die das notwendige technische Wissen beinhalten und die Suchanforderungen erfüllen.
3. Suchprozess durchführen: Verfassen eines Abstracts der Suchergebnisse für die »Quick-Analysis« des nächsten Schrittes.
4. Import des Abstracts in die Text-Mining-Software.
5. Bereinigung und Verdichtung der Daten: Konsolidierung der Benennungsvariationen unterschiedlicher Datenbanken.
6. Analyse und Interpretation der Ergebnisse.
7. Kommunikation und Präsentation der Informationen und Resultate.

Ergebnis des Instruments

Im Rahmen des Technologie-Foresight übernimmt Text-Mining folgende Funktionen:

- Identifikation von Forschungsthemen,
- Bereitstellung von Zeitserien, die die Identifikation von Trends und Wachstumsdynamiken unterstützen,
- Feststellung von Innovationsindikatoren, die die Vorschau auf erfolgreiche Technologieanwendungen ermöglicht.

Methodische Hinweise und Erfahrungen

Wie jede Methode hat auch Text-Mining Stärken und Schwächen. Die Suchtechnik kann zwar Fragen vom Typ »Wer? Was? Wo? Wann?« beantworten. Nicht beantworten kann sie hingegen die Fragen vom Typ »Wie?« und »Warum?« Die Interpretation und das Aufzeigen von Ursachen und Zusammenhängen kann nur durch Experten erfolgen.

Web-Crawlers sind eine wichtige Alternative zum Text-Mining. Ein fokussierter Web-Crawler unterstützt die dynamische Untersuchung des Webs nach relevanten Seiten in Bezug auf ein bestimmtes Thema oder spezifische Themencluster.

Typische Anwendungsfelder im Foresight-Kontext

Text-Mining wird als Methode innerhalb von Foresight-Prozessen nie isoliert eingesetzt. So erfordert die Identifikation von Innovationsindikatoren komplementäre Meinungen von Experten, um die aus den Texten gewonnenen Beobachtungen oder Wirkungszusammenhänge kontrovers zu diskutieren und zu überprüfen. Die Kombination der Resultate von Text-Mining mit Expertenpanels führt in der Regel zu effektiven Ergebnissen.

Quellen

Feldman, R., Sanger, J. (2006); Srivastava, A., Sahami, M. (2009); Gupta, V., Lehal, G. S. (2009); Wikipedia: en.wikipedia.org/wiki/Text_mining.

4.3.6 Expertengruppen

Grundgedanke

Die Durchführung von Gruppendiskussionen mit Experten ist die am häufigsten angewandte Methode der bisher durchgeführten Foresight-Aktivitäten. Sie dienen oft der Vorbereitung von Delphi-Prozessen.

Ziel des Instruments

Ziel der Expertengruppen ist es, für den Foresight-Prozess relevantes Wissen und Informationen durch den Diskurs mit Experten zu gewinnen, neue Einsichten und kreative Standpunkte zu bestimmten Zukunftsstrategien zu erarbeiten sowie eine größere Verbreitung der Ergebnisse des Foresight-Prozesses zu erreichen.

Hierbei sollten von den ursprünglich nominierten Personen weitere Experten benannt werden, die im Zuge des Foresight-Prozesses oder einer Delphi-Umfrage einen wertvollen Input leisten könnten.

Vorgehensweise

Zur Realisierung dieser Zielsetzungen ist die Auswahl der Experten für die Panels erfolgskritisch. Die Experten sollen die Wirtschaft, Wissenschaft, Politik, Medien und Bevölkerung repräsentieren, um möglichst viele Perspektiven für das Innovationssystem zu gewinnen.

Die Experten werden zumeist vom Prozessverantwortlichen (Steuergruppe, Lenkungsausschuss) mithilfe verschiedener Recherchen (Literatur, Internet, bibliometrische Verfahren, Expertendatenbanken etc.) nominiert.

Die Eignung einer Person hängt von ihrer Qualifikation und Erfahrung bezüglich des jeweiligen Themenkreises ab. Sind die ersten Experten nominiert, können über das Verfahren der Co-Nominierung weitere Experten einbezogen werden.

Methodische Hinweise und Erfahrungen

Probleme bei der Anwendung von Expertengruppen können in mehrfacher Hinsicht auftreten. Zum einen stellt sich die Frage, welche genauen Kriterien für die Auswahl entscheidend sind und wer diese Kriterien bestimmt. Weitere Schwierigkeiten können durch einen Mangel an Motivation seitens der Experten auftreten sowie durch das Dominieren stärkerer Persönlichkeiten innerhalb einer Gruppe.

Nichtsdestotrotz ist die Durchführung von Expertengruppen essenziell für die erfolgreiche Durchführung eines Foresight-Prozesses. Dies gilt vor allem bei der Sammlung von Informationen über die Institutionen des nationalen Innovationssystems.

Die Größe der Gruppen sollte zwischen zwölf und achtzehn Personen betragen, da eine höhere Anzahl einen intensiven Gruppenkommunikationsprozess erschwert.

Typische Anwendungsfelder im Foresight-Kontext
- Erhebung des interdisziplinären Know-hows zu einem spezifischen Thema,
- im Rahmen des Pre-Foresight als Input zur Foresight-Konzeptentwicklung bzw. zur Entwicklung einer Delphi-Umfrage,
- im Rahmen des Main-Foresight zum Bewerten und Eingrenzen plausibler Zukunftsszenarien, zur Analyse und Identifikation konkreter Kernaussagen und Ergebnisse sowie zur Ableitung von Handlungsempfehlungen (Roadmaps, Aktionspläne).

Quellen
Scherngell, T. (2003); Miles, I. (2001); Gavigan, J. (1997); Gavigan, J., Ottitsch, M., Greaves, C. (1999).

4.3.7 SWOT – »Strengths, Weaknesses, Opportunities, Threats«

Grundgedanke
Unter einer Stärken-Schwächen-Analyse versteht man die Analyse und Bewertung der gegenwärtigen Ressourcen eines Systems (eines Sektors, einer Region, einer Volkswirtschaft oder eines Unternehmens). Die SWOT ist eine Technik zur Bewertung interner Stärken und Schwächen und externer Chancen und Gefahren, die die erfolgreiche Umsetzung kurz- und langfristiger Strategien und damit die mögliche Zukunft der Organisation oder des Innovationssystems beeinflussen. SWOT wird als Technik zur Strategieplanung eingesetzt.

Ziele und Ergebnisse des Instruments
Innerhalb eines Foresight-Prozesses wird die SWOT zur Zusammenfassung wesentlicher Einflussfaktoren genutzt. Dabei werden nicht nur die vorhandenen Ressourcen und Kapazitäten, wie etwa das Humankapital oder die Infrastruktur, in Betracht gezogen, sondern auch mögliche Barrieren und Bedrohungen innerhalb des Untersuchungsgebiets festgestellt, um ein möglichst gutes Abbild der Ausgangssituation zu zeichnen.

Vorgehensweise

1. Die SWOT bündelt Ergebnisse verschiedener Analysen wie z. B. Trendanalysen, Simulationen, Forecasts, Interviews oder Delphi-Umfragen etc. Auf Basis dieser Erkenntnisse werden die Stärken, Schwächen, Chancen und Bedrohungen mithilfe eines Brainstormings gesammelt.

2. Reduktion und Priorisierung auf sieben bis maximal zehn Punkte pro Kategorie.

3. Vertiefte Diskussion jeder einzelnen Kategorie hinsichtlich möglicher Auswirkungen auf das Themenfeld des Foresight.

4. Ableitung erster Zukunftsideen und Präventionsmaßnahmen.

Methodische Hinweise und Erfahrungen

Die Bedeutung dieser Methode liegt in ihrer Einfachheit und Anpassungsfähigkeit an unterschiedlichste Kontexte. Ihre Anwendung erfordert kein besonderes technisches Know-how oder Expertenwissen. Die Methode ermöglicht die Synthese und Integration von Informationen aus mehreren Instrumenten.

Die klassische SWOT wird als Priorisierungsmethode und Entscheidungshilfe dort eingesetzt, wo Ziele und Konsequenzen abgeleitet werden müssen. Angewandt wird sie auch im Präventions- und Krisenmanagement oder für das Erstellen von Machbarkeitsstudien und Handlungsempfehlungen.

Alternativ zur SWOT kann z. B. das Instrument der Entscheidungsmatrix für komplexe und kostenintensive Strategien eingesetzt werden. Diese unterstützt bei der Einschätzung des relativen Wertes einer Möglichkeit im Vergleich zu anderen.

Kritische Punkte bei diesem Instrument bilden die Subjektivität der Beteiligten. Erfahrungsgemäß werden positive Elemente im eigenen Gestaltungsbereich überbetont, negative Beobachtungen gerne verschwiegen oder verdrängt.

Typische Anwendungsfelder im Foresight-Kontext

In Foresight-Prozessen wird die SWOT zur Auswertung einer Vielfalt von Informationen und zum Erarbeiten einer zusammenfassenden Beschreibung und Bewertung der Ist-Situation eingesetzt. Die Einbeziehung repräsentativer Experten ist eine Erfolgsvoraussetzung, da ihr Know-how unmittelbar für die Bewertung und Ableitung strategischer Optionen einfließt.

Im Vorfeld von SWOT-Analysen werden oft Interviews, Benchmarks mit Wettbewerbern oder vergleichbaren Regionen durchgeführt und Daten recherchiert und aufbereitet. Eine andere Möglichkeit im Foresight-Prozess ist der Einsatz der SWOT nach Delphi-Umfragen zur Auswertung und Entwicklung von Handlungsempfehlungen.

Quellen
Scherngell, T. 2003; Nagel, R. (2009); Hill, T., Westbrook, R. (1997); Weihrich, H. (1982); Thompson, J. (2002).

4.4 Herausarbeitung alternativer Perspektiven und Zukunftsentwürfe: Forecasts

Forecasting-Methoden bedienen das zentrale Bedürfnis eines Auftraggebers nach Vorstellungen, wie sich die langfristige Zukunft gestalten könnte.

Nach der Definition von Treibern und Rahmenszenarien werden unterschiedliche evidenzbasierte und damit die Vergangenheit fortschreibende Zukunftsprognosen entworfen. Im Unterschied zu Foresight liegt dem Forecasting eine deterministische Grundannahme zugrunde: Die Zukunft soll durch explorative Prognosen möglichst genau beschrieben werden. Beim Forecasting steht die expertenorientierte und rechnergestützte Vorhersage im Vordergrund.

Klassische Forecasting-Methoden sind:

- Delphi-Umfragen,
- Trendextrapolationen,
- Simulationsmodelle,
- Cross-Impact-Analysen,
- Relevanzbaum und
- morphologische Methoden.

Diese unterschiedlichen Methoden werden in der Folge dargestellt.

4.4.1 Delphi-Umfragen

Grundgedanke
Das moderne Delphi-Verfahren hat wenig mit den Überlieferungen aus der griechischen Mythologie zu tun. Es ist kein prophezeiendes

»Orakel«, sondern ein Verfahren, mit dem versucht wird, einen Blick in die Zukunft zu werfen.

Die Delphi-Technik wurde erstmals im Jahre 1948 für die Vorhersage der Ergebnisse eines Pferderennens verwendet. Die Corporation für Research and Development (RAND) nahm etwa um das Jahr 1950 eine Professionalisierung dieser Methode vor: In verschiedenen Experimenten wurde die Technik während des Kalten Krieges für militärisch-taktische Überlegungen genutzt.

Heute wird mit der Delphi-Methode versucht, über einen Gruppenkommunikationsprozess – an dem bis zu 5000 Experten teilnehmen – Zukunftsbilder zu generieren. Diese werden zur Unterstützung für strategische Entscheidungen verwendet. Bis heute ist die Delphi-Methode eine der am häufigsten angewandten Methoden innerhalb von Foresight-Prozessen.

Die Delphi-Umfrage strukturiert schriftlich die Kommunikation zwischen Experten, wodurch eine Einschätzung zu Fragen entsteht, über die nur unsicheres und unvollständiges Wissen existiert. Die befragten Experten geben dabei subjektiv-intuitive Schätzungen über unsichere Sachverhalte ab. Ergebnis ist eine schriftliche Auswertung aller Umfragerunden in Form einer »Delphi-Studie«, die von den Auftraggebern für strategische Entscheidungen genutzt werden kann.

Das Delphi-Verfahren basiert auf vier Grundprinzipien:

- kontrolliertes Feedback,
- Anonymität,
- Wiederholung und
- Aggregation der Ergebnisse zu statistisch relevanten Gruppenaussagen.

Vorgehensweise

Die Befragung erfolgt in zwei bis maximal fünf Befragungsrunden, wobei in der jeweils folgenden Befragungsrunde die Ergebnisse, Schätzungen und Analysen der vorhergehenden Runde für alle Teilnehmer aufbereitet werden. Jeder befragte Experte soll auf dieser Basis seine Aussagen mit denen anderer vergleichen, seine eigenen Positionen überdenken und erneut Stellung nehmen. Die Wahrung der Anonymität der Befragten gilt als Voraussetzung für die erfolgreiche Durchführung einer Delphi-Befragung. Allerdings ist dies aber auch ein Anlass, oberflächliche und nicht durchdachte Antworten zu geben. Durch kontrolliertes Feedback und Anonymität über mehrere Befragungsrunden hinweg wird ein Gruppenkonsens angestrebt.

Methodische Hinweise und Erfahrungen
Die Nominierung der Experten ist ein besonders wichtiger Aspekt. Wer sich als Experte für eine Delphi-Umfrage qualifiziert, hängt mit den im Vorfeld festgesetzten Themenfeldern und dem bisherigen Tätigkeitsfeld des jeweiligen Experten zusammen. Auch eine Selbsteinschätzung des Experten bezüglich des Wissensstandes zu einem bestimmten Themenfeld spielt eine Rolle bei der Auswahl. Oft werden die Themenfelder mithilfe von »Expertengruppen« (Panels) über Hypothesenbildung oder Szenarienarbeit weiter präzisiert und als Basis für die Entwicklung des Fragebogens für die Delphi-Umfrage genutzt.

Diese Expertenpanels haben sich auch für die Definition der Kriterien zur Auswahl von Experten aus Wirtschaft, Wissenschaft und Politik als sehr hilfreich erwiesen. In den letzten Jahren ist die Auswahl ergänzend dazu durch das Einrichten von umfassenden Datenbanken erleichtert worden. Aufgrund des großen administrativen und organisatorischen Aufwands werden aus Zeit- und Kostengründen selten mehr als zwei bis drei Befragungsrunden durchgeführt.

Typische Anwendungsfelder im Foresight-Kontext
Innerhalb von Foresight finden Delphi-Techniken deshalb so oft Verwendung, weil sie genau das Erreichen der Hauptzielsetzungen von Foresight, nämlich Längerfristigkeit, Wissenstransfer zwischen mehreren Experten und die indirekte Koordination der Akteure des Innovationssystems, ermöglichen. Dabei werden Technologie-Roadmaps für Felder wie z. B. Information and Communication Technologies, Life Sciences, Energy, Environmental and Clean Production, Materials und Transport erarbeitet.

Neben Technology-Foresight wird Delphi allerdings in zahlreichen anderen Bereichen als Entscheidungs- oder Problemlösungsinstrument angewendet, wie etwa im Bereich Telekommunikation, Tourismus, Verkehr oder Gesundheitswesen.

Insgesamt wird Delphi von den meisten Foresight-Experten als geeignetes Instrument betrachtet.

Quellen
Scherngell, T. (2003).

4.4.2 Agentenbasierte Simulationsmodelle

Grundgedanke
Agentenbasierte Modelle sind Computersimulationen, die das Erforschen komplexer Systeme ermöglichen und als Entscheidungshilfe bei der Systemgestaltung dienen. In der Simulation werden Unternehmen, Forschungsorganisationen, Universitäten, Kunden, Mitarbeiter etc. als Agenten dargestellt, die anhand ihrer heterogenen Eigenschaften und Strategien ihre Ziele verfolgen. Sie agieren eigenständig und werden durch ihre Wahrnehmungen, Rahmenbedingungen sowie durch das Handeln anderer Akteure beeinflusst (Abb. 15; Wooldridge a. Jennings 1995). Wie in der Realität auch, handeln die Agenten nicht vollkommen rational und verfügen auch nicht über vollständige Information. Diese komplexen Systeme regulieren sich selbst, und die agentenbasierte Modellierung hilft uns beim Verständnis der anpassungsfähigen Dynamiken von aktuellen Entwicklungen sowohl in der Volkswirtschaft als auch im innovationspolitischen Kontext (Leijonhufvud 2006, S. 1626).

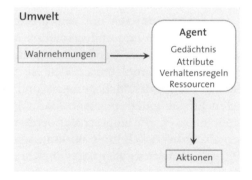

Abb. 15: Ein Agent und seine Umwelt (Korber 2012)

Vorgehensweise
In Simulationsmodellen werden Folgen von Interventionen in komplexen Systemen besser abschätzbar. Bei dieser Art von Systemanalyse ergeben sich Einsichten in die Problemstruktur und -dynamik. Anhand von alternativen Szenarien können Konsequenzen von Ent-

73

scheidungen virtuell erforscht werden. Ein Szenario mit einer spezifischen Intervention, wie z. B. die Vergabe eines Förderprojekts in der Innovationspolitik, wird einem Szenario ohne jegliche Intervention gegenübergestellt. Die Simulation ermöglicht die systemische Sichtweise auf Innovation und sowohl die kurz- als auch die langfristige Perspektive zur Analyse von Forschungsergebnissen. Heterogene Akteure des Innovationssystems forschen, kooperieren, greifen auf unterschiedliche Finanzierungsquellen zurück und investieren. Die Simulation von Innovationsprozessen berücksichtigt somit dynamische Systeme von interagierenden Organisationen. Durch diese Vorgänge ermöglicht die Simulation – basierend auf empirischen Beobachtungen – Emergenz auf der Systemebene. Der gesamte Forschungsprozess kann verfolgt werden, von der Bewilligung eines geförderten Projekts bis zur Kommerzialisierung eines Produkts am Markt. Der Zustand eines Agenten und dessen Verhalten können in jedem Zeitschritt betrachtet und die Zeitlücke zwischen Stimulus und Konsequenzen auf das Agentenverhalten kann überbrückt werden, indem das Handeln der Akteure z. B. nach einer politischen Intervention verfolgt wird. Somit können auch unerwünschte Reaktionen der Akteure beobachtet werden.

Es ist wichtig zu betonen, dass es sich hierbei nicht um die Erstellung von Prognosen handelt, sondern um das Aufzeigen möglicher Szenarien und das Experimentieren mit verschiedenen Eingriffen mittels eines empirisch kalibrierten und validierten Modells. Dieses Modell erlaubt das Erforschen von Trends und verschiedenen »Was-wäre-wenn-Szenarien«. Das Simulationsmodell ist ein Experimentierlabor für wichtige Fragen des Managements und der Politik, da die zu erwartenden Effekte einer einzelnen Maßnahme oder einer bestimmten Kombination ex ante eingeschätzt werden können. Hierbei können Alternativen bezüglich ihrer Wirksamkeit und auch unter Berücksichtigung gewünschter oder unerwünschter Nebeneffekte getestet werden.

Erfahrung mit dieser Methodik

Obwohl die agentenbasierte Simulation noch nicht für die Erforschung von Innovation und als Ergänzung für die klassische Entscheidungsunterstützung etabliert ist, bietet diese Methode wesentliche Vorteile im Vergleich zu den bestehenden Methoden der Politikberatung und Managementunterstützung. Traditionelle Modelle (z. B.

basierend auf Differenzialgleichungen) gehen von nutzenmaximierenden Akteuren mit vollkommener Information in einer perfekten Welt aus – die Heterogenität der Akteure oder die komplexe Dynamik sozialer Prozesse werden hier völlig übergangen. Folglich haben agentenbasierte Simulationsmodelle in den letzten Jahren einen starken Zuspruch als Werkzeuge zur Entscheidungsunterstützung und Politikanalyse erfahren (Kiesling et al. 2012, S. 184; Squazzoni 2010; Farmer a. Foley 2009).

Typische Anwendungsfelder im Foresight-Kontext
Die Anwendung dieser Methode im Foresight-Kontext ist bis jetzt noch nicht sehr weit verbreitet, da das Verfahren von der Modellbildung bis zur Umsetzung als programmiertes Simulationsmodell sehr aufwendig ist. Es empfiehlt sich daher zu überprüfen, ob z. B. branchenspezifische Simulationsmodelle bereits vorhanden sind, da sich agentenbasierte Simulationsmodelle rasch an spezifische Fragestellungen adaptieren lassen. In der Umsetzung liegt ihr Mehrwert darin, dass sowohl die Adaption der Grundannahmen für die fragespezifische Adaption des Modells als auch die Interpretation der Simulationsergebnisse in einem dialogischen Stakeholder-Forum vorgenommen werden. Agentenbasierte Simulationsmodelle dienen als ideale Unterstützung für die Politik- und Managementberatung und sind auch komplementär zu anderen Foresight-Methoden einsetzbar (z. B. Szenarien-Workshops).

Potenzielle Anwendungen reichen von der Ex-ante-Wirkungsanalyse öffentlicher Fördermaßnahmen bis zur Erstellung von Szenarien, z. B. für die Regionalentwicklung, oder als Diffusionsmodelle über die Vermarktung von Innovationen. Manager nutzen die Simulation als Entscheidungsunterstützung mit dem Ziel, Marktreaktionen auf neue Produkte vorab einzuschätzen und neue Produkteinführungsstrategien ex ante zu evaluieren. Die Heterogenität der Konsumenten, ihre Interaktionen und ihre Entscheidungsprozesse können explizit modelliert werden. Agentenbasierte Simulationsmodelle helfen dabei, ein tieferes Verständnis für das untersuchte System und dessen Probleme zu bekommen, und kurbeln die Kreativität zur Lösungsfindung an (Iandoli et al. 2012).

Quellen
Barreteau, O., et al. (2003); Farmer, J. D., Foley, D. (2009); Iandoli, L., et al. (2012); Kiesling, E., et al. (2012); Korber, M. (2012); Leijonhufvud, A. (2006); Squazzoni, F. (2010); Tesfatsion, L. (2006); Wooldridge, M., Jennings, N. (1995).

4.4.3 Cross-Impact-Analyse

Grundgedanke
Die Methode der Cross-Impact-Analyse umfasst sowohl quantitative als auch qualitative Elemente. Mit dieser Methode wird versucht, die Korrelation zwischen (meist nicht mehr als fünf) verschiedenen Variablen zu messen.

Vorgehensweise
Das Verfahren beinhaltet die Erstellung einer Matrix, in die die direkten Kausalitäten zwischen den Variablen, positiv oder negativ, eingetragen werden.

1. Auswahl des Themas und der Experten,
2. endgültige Auswahl der zu bewertenden Variablen (abgeleitet aus Trendextrapolation, Simulation, Trendanalyse),
3. Entwurf einer Matrix bestehend aus einer Wahrscheinlichkeitsskala und der Definition des Zeithorizonts,
4. Einschätzung der Beeinflussungen zwischen den Variablen,
5. Entwickeln von Szenarien.

Ergebnis des Instruments
Der Vorteil von Cross-Impact-Analysen liegt darin, dass die gegenseitige Beeinflussung verschiedener Phänomene dargestellt werden kann. Dennoch ist die Anwendung innerhalb der Zukunftsforschung noch nicht sehr ausgeprägt. Dies ist vor allem darauf zurückzuführen, dass nur eine geringe Anzahl an Variablen berücksichtigt werden kann.

Typische Anwendungsfelder im Foresight-Kontext
Innerhalb des Technology-Foresight wird die Methode angewandt, um festzustellen, in welcher Weise und wie stark bestimmte technologische Entwicklungen in einem Sektor jene in einem anderen Sektor beeinflussen. Die Bestimmung der Variablen und der Stärke des Einflusses wird durch Experten vorgenommen.

Quellen
Scherngell, T. (2003); FOR-LEARN Online Guide.

4.4.4 Relevanzbaumanalyse

Grundgedanke

Die Relevanzbaum- oder Problemlösungsbaumanalyse zählt wie die Szenariotechnik zu den qualititativ-normativen Foresight-Methoden. Sie dient zur Identifikation jener technologischen oder gesellschaftlichen Entwicklungen, bei denen von starken Auswirkungen auf regionale Prosperität, sozialen Ausgleich und das ökologische Gleichgewicht ausgegangen wird.

Bei einer Relevanzbaumanalyse wird ein Problem oder ein Phänomen als eine Sequenz von Teilproblemen dargestellt. Eine solche Aufgliederung in Teilaspekte ermöglicht es, Sachverhalte großer Komplexität zu bearbeiten. Die einzelnen Teilaspekte werden unabhängig voneinander behandelt, wobei jedem Teilaspekt verschiedenste Lösungsmöglichkeiten zugeordnet werden. So entstehen einzelne Problemlösungsansätze für die jeweiligen Teilaspekte, die in der Folge hintereinandergeschaltet werden. Es entsteht eine hierarchische Struktur, in der die einzelnen Teilaspekte durch Äste verknüpft sind.

Methodische Erfahrungen

Anhand dieser Analyse können Lösungsvorschläge und deren relative Wichtigkeit zu einzelnen Teilproblemen des Gesamtproblems aufgezeigt werden (daher auch Relevanzbaumanalyse). Das Verfahren der Relevanzbaumanalyse findet in der Praxis eher selten Anwendung. Dies lässt sich durch die hohen Kosten sowie die hohe Komplexität der Analyse begründen. Konzeptionell ist diese Methode bedeutsam, da sie die Bestandteile eines Systems transparent macht.

Die Zerlegung eines komplexen Problems in seine Bestandteile hat allerdings Nachteile, wenn darüber die Betrachtung des Gesamtsystems vernachlässigt und das System nur noch über seine Einzelteile definiert wird.

Ergebnis des Instruments

Identifikation technologischer und gesellschaftlicher Entwicklungen, die Erfolgsvoraussetzungen und damit Rahmenbedingungen für Backwards-Szenarien darstellen.

Typische Anwendungsfelder im Foresight-Kontext
Die Relevanzbaumanalyse wurde innerhalb von Foresight-Prozessen etwa im australischen Programm des Australia Science and Technology Council 1997 sowie im deutschen »Technology at the threshold of the 21st century« 1998 eingesetzt. Mit ihr lassen sich der Weg von Innovationen und die Wechselwirkungen mit anderen Neuerungen und Entdeckungen darstellen. Auch kann sie die Verflechtung mit anderen Fachbereichen transparent machen.

Quellen
Scherngell, T. (2003); Grupp, H. (1995).

4.4.5 Morphologische Analyse

Grundgedanke
Innerhalb der letzten 20 Jahre hat sich die morphologische Analyse von einer einfachen Form einer Attributsliste mit Konsistenzüberprüfungen zu einer Methode der interaktiven Modellierung von Wechselwirkungen weiterentwickelt. Dadurch kann sie komplexe strategische Entscheidungen unterstützen. Mit Blick auf die Herausforderungen der Zukunft unterstützt dieses Instrument die Suche nach Szenarien, Technologien und Aktionen, um diese Herausforderungen erfolgreich bewältigen zu können.

Ein zentrales Merkmal der morphologischen Analyse besteht darin, ein komplexes Problem zu parametrisieren (mit Kennziffern zu versehen). Dadurch kann diese Methode zur Konkretisierung anderer Methoden genutzt werden. Einflussdiagramme oder Sensitivitätsanalysen können mit dem morphologischen Modell parametrisiert und dadurch vertieft analysiert werden.

Vorgehensweise
1. Identifikation von Parametern oder Dimensionen eines komplexen Problems, das untersucht werden soll.
2. Zuordnung relevanter Werte zu den einzelnen Parametern.
3. Konstruktion eines morphologischen Feldes durch Gegenüberstellung der einzelnen Parameter innerhalb einer Rahmenstruktur.
4. Einer einzelnen strukturellen Konstellation wird ein Wert pro Parameter zugeordnet und markiert damit eine formale Teillösung für den Problemkomplex.

Ergebnisse des Instruments
- Identifikation von Problemen und Lösungen,
- Überprüfen der Machbarkeit,
- Ableitung von Anforderungen an die Wirkung von Politikmaßnahmen oder Technologien,
- Erstellung von Kosten- und Zeitschätzungen bei der Implementierung von Politikmaßnahmen oder Forschungsprogrammen.

Typische Anwendungsfelder im Foresight-Kontext
Die morphologische Analyse unterstützt andere Modellierungsmethoden wie z. B. die Multikriterien-Entscheidungsanalyse. Einzelne Lösungen, die im morphologischen Modell entstehen, können in analytischen hierarchiebildenden Prozessen (analytical hierarchy processes, AHP) angewandt werden. Letztere ermöglichen den Vergleich unterschiedlicher Lösungsvorstellungen innerhalb von Zielhierarchien und -kriterien.

Der Zweck der morphologischen Analyse ist es, Informationen in einer nützlichen und relevanten Weise zu strukturieren und damit bei einer Problemlösung zu helfen oder neue Arten des Denkens anzustoßen. Daher wird sie oft bei der Entwicklung neuer Produkte eingesetzt sowie bei der Entwicklung von Szenarien. Angewandt wird die Methode auch im Rahmen von Risikoanalysen politischer Maßnahmen.

Die morphologische Analyse wird in kleinen, thematischen Expertengruppen durchgeführt unter Leitung eines erfahrenen Morphologisten.

Quellen
Levin, M. S. (2006); Ritchey, T. (2006); The Futures Group International (2002); Zwicky, F., Wilson, A. (1967).

4.5 Herausarbeitung alternativer Zukunftsentwürfe: Qualitative Methoden

Wie gezeigt basieren die explorativen Prognosen auf quantitativer Analyse und wahrscheinlichkeitsbasierten Methoden. Im Unterschied dazu stehen in einem Foresight-Prozess vielfältige qualitative Methoden zur Verfügung, wie wünschenswerte Zukunftsperspektiven erarbeitet werden können. In diesem Kapitel werden zehn unterschiedliche Ansätze zur Konstruktion von Zukunftsbildern vorgestellt.

4.5.1 Zukunftsszenario

Grundgedanke

Im Unterschied zu Prognosen versucht die Szenariomethode nicht, durch eine möglichst genaue Extrapolation der vorhandenen Information das einzige und richtige Bild der Zukunft zu zeichnen. Das Ergebnis eines Zukunftsszenarios ist vielmehr eine allgemeine Beschreibung mehrerer alternativer Zukunftsbilder (Szenarien).

Mögliche Konsequenzen dieser Szenarien für das Unternehmen, die Region, die Nation etc. können mit den Stakeholdern analysiert werden. Szenariodenken ist der gezielte Versuch, sich der prinzipiellen Unberechenbarkeit der Zukunft zu stellen, Trends und Entwicklungen zu erkennen und die Konsequenzen für das Unternehmen schon im Vorhinein zu durchdenken.

Was leisten Szenarien?
- Sie beschreiben bildhaft alternative, konsistente zukünftige Situationen.
- Szenarien illustrieren komplexe Zusammenhänge und machen sie vorstellbar. Das Verfahren verschafft den Beteiligten eine umfassendere und differenziertere Problemsicht.
- Szenarien dienen in der strategischen Diskussion als anregende und gleichzeitig irritierende »Zeitreise«. Das Verfahren zwingt zur systematischen Reflexion der eigenen »Sicht der Dinge«.
- Das Verfahren unterstützt eine systemorientierte Sicht des Problemfeldes in Elementen und Wechselwirkungen.
- Szenarien fördern das Denken in Alternativen für die Zukunft, damit das »Denken auf Vorrat« und die Reaktionsfähigkeit eines Managementteams.

Vorgehensweise

Hinreise: Wohin geht es?
1. Ausgangsfrage klären:
   - Was ist das Problem?
   - Was bedeutet die Fragestellung?

- Wer soll entscheiden oder handeln?
- Über welchen Zeithorizont reden wir?
- Welches Jahr sollen die Zukunftsbilder beschreiben?
2. Einflussfaktoren ermitteln:
   - Was sind die wichtigsten Faktoren, die unsere Frage beeinflussen?
   - Von welchen Entwicklungen, Ereignissen oder Akteuren gehen die größten Chancen und Risiken für unsere Fragestellung aus?
3. Einflussfaktoren bewerten: Bewertung jedes Faktors durch jeden Teilnehmer nach Wichtigkeit und Ungewissheit.

Ankunft: Wie sieht die Zukunft aus? (Entwickeln von Szenarien)
1. Hauptfaktoren auswählen: Auswahl der beiden prägenden Szenarioparameter.
2. Aufbau der Szenariologik: Ermittlung von zwei Ausprägungen je Hauptfaktor.
3. Szenarien in Teilteams erarbeiten: Ausarbeitung von je zwei (diametralen) Szenarien durch die Teilteams: Wie würde die Welt aussehen, deren Kernelemente diese beiden Faktoren sind?

Rückreise: Was tun – heute? Diskussion von
Handlungsmöglichkeiten
1. Akteure bestimmen: Wer soll handeln? Um wessen Handlungsoptionen geht es?
2. Erarbeiten von Handlungsempfehlungen durch die Teilteams: Die Teilteams als Berater: Empfehlungen für jeden Akteur je Szenario: Angenommen, Sie wüssten, dass Szenario A im Jahr X eintreten wird. Was würden Sie dem Akteur heute raten?
3. Präsentation der Handlungsempfehlungen: Gegenseitige Präsentation der Teilteams im Plenum, Diskussion der Handlungsempfehlungen.

Typische Anwendungsfelder im Foresight-Kontext
Die Methode wird insbesondere bei langfristigen Zeitspannen eingesetzt, wo quantitative Prognosemethoden wie Trendanalysen oder Simulationsmodelle versagen. Im Mittelpunkt stehen im Gegensatz zu quantitativen Prognosen weniger Wahrscheinlichkeit und Eintreffgenauigkeit als vielmehr die Auseinandersetzung mit den wichtigsten Einflussfaktoren und deren Wirkungszusammenhängen. Dabei erset-

zen Szenarios aber nicht traditionelle Prognosemethoden, sondern erweitern sie.

Szenarioentwicklung hilft Entscheidungsträgern, Wissen über komplexe Themenfelder und Wirkungskreisläufe aufzubauen und dabei den Kontext ihrer Entscheidungen besser zu verstehen.

Innerhalb von Foresight-Prozessen wurden Szenarioanalysen in verschiedenster Form durchgeführt, so etwa in Großbritannien, Australien, Frankreich, Japan oder den Niederlanden.

Quellen

Minx, E. (1995); Nagel, R. (2009); Scherngell, T. (2003); Godet, M. (1993); Fahey, L., Randall, R. (1998); Schwartz, P. (1991).

4.5.2 Blue Ocean

Grundgedanke

Dieses Modell unterstellt zwei unterschiedlichen Arten von Märkten: »Rote Ozeane« (red oceans) gibt es schon, ihre Spielregeln sind bekannt, und es herrscht erbitterter Konkurrenzkampf. Der »blaue Ozean« (blue ocean) dagegen ist eine Metapher für neue Märkte und eine Nachfrage, für die es noch keine Konkurrenten gibt. Die Blue-Ocean-Strategie soll noch unbesetzte Märkte eröffnen. Im Unterschied dazu ist der rote Ozean von intensiven Konkurrenzaktivitäten und geringen Erträgen geprägt. Blue-Ocean-Strategien fokussieren auf »Nutzeninnovationen«, die den Käufernutzen erhöhen und gleichzeitig die Kosten reduzieren. Das Modell zielt darauf ab, den überzeugenden neuen strategischen Schritt (strategic move) zu entdecken.

Den Ausgangspunkt bildet das strategische Profil (strategy canvas), das eine typische Nutzenkurve des Geschäfts abbildet. Es stellt die kritischen Faktoren im Wettbewerb dar, damit das Unternehmen oder eine Region etc. wettbewerbsfähig bleiben bzw. werden kann.

Dieses Profil ist gleichzeitig Ausgangspunkt für künftige, neue strategische Ansätze: Gibt es in der untersuchten Branche Ansatzpunkte, wie Marktgrenzen umgestaltet werden können und wo über die vorhandene Nachfrage hinaus neue Nachfrage geschaffen wird?

Vorgehensweise

1. Benennen Sie die kritischen Wettbewerbsfaktoren in der Branche. Das sind Faktoren, in die jeder Wettbewerber der Branche

investieren muss. Wenn die Porter'sche Wettbewerbsanalyse durchgeführt wurde, können diese für die Blue-Ocean-Betrachtung herangezogen werden.

2. Diese Faktoren werden auf der horizontalen Achse des strategischen Profils eingetragen.

3. Entwickeln Sie ein Profil für das Unternehmen, die Branche oder die Region, indem Sie für jeden der oben benannten Wettbewerbsfaktoren sein spezifisches Angebotsniveau einschätzen. Ein hoher Wert bedeutet, dass die betrachtete Einheit bezüglich dieses Faktors mehr bietet als der Mitbewerb und deshalb auch mehr investiert hat.

4. Zeichnen Sie das strategische Profil der wichtigsten zwei bis drei Mitbewerber ein. Dadurch gewinnen Sie einen Überblick über die Wettbewerbspositionierungen der für Sie wichtigsten Marktteilnehmer (Abb. 16).

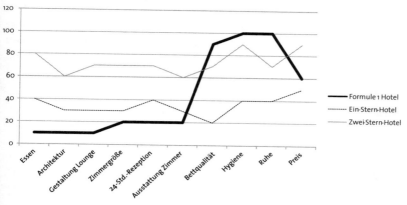

Abb. 16: Strategisches Profil am Beispiel der Hotelkette Formule 1 und zweier Mitbewerber (verändert nach Nagel u. Wimmer 2009)

5. Beschreiben Sie aus diesem Profil die Chancen und Risiken für die betrachtete Einheit.

6. Überlegen Sie sich erste »Blue-Ocean«-Ansätze für Ihr System mithilfe der folgenden Fragen:
   • Welche Faktoren Ihrer Branche könnte man auch weglassen?
   • Welche Faktoren könnten Sie deutlich auf einen Wert unterhalb des Branchenstandards reduzieren?
   • Welche Faktoren sollten Sie deutlich über den Branchenstandard verbessern?

- Welche Unterscheidungsmerkmale könnten neu geschaffen werden? (Faktoren, die in Ihrer Branche bisher noch nicht angeboten wurden).
7. Dokumentieren Sie diese strategischen Ansätze.

Methodische Hinweise

Die Diskussion zu einer Blue-Ocean-Strategie eignet sich sehr gut in Corporate Foresights und benötigt etwa einen halben Tag. Unterstützende Hilfsmittel sind Pinnwände und Stifte. Darüber hinaus ist die Nutzung der Ergebnisse der Porter'schen Branchenanalyse ein guter Ausgangspunkt für das strategische Profil (siehe Abschn. 4.2.3).

Ergebnisse des Instruments

Diese Methode bietet sich als Fortsetzung der Porter'schen Branchenanalyse an, weil sie bei den dort beschriebenen Branchenspielregeln ansetzt und untersucht, wie man diese Spielregeln kreativ verändern könnte. Das »strategische Profil« ist auch ein guter Übergang zur Entwicklung neuer Optionen. Es zwingt zu einem Blick über den Tellerrand.

Quellen

Kim, W. C., Maurgogne, R. (2005); Nagel, R. (2009).

4.5.3 Profit from the Core

Grundgedanke

Zwischen 1995 und 1997 untersuchten Chris Zook und James Allen 181 verschiedene Wachstumsstrategien. Die ernüchternden Ergebnisse früherer Untersuchungen wurden eindrucksvoll bestätigt: 75 Prozent der untersuchten Wachstumsinitiativen missglückten! Was zeichnete demgegenüber die wenigen Unternehmen aus, die nachhaltiges, profitables Wachstum zu verzeichnen hatten?

Sie entwickelten konsequent ihr starkes Kerngeschäft in verwandte Märkte hinein, in denen sie eine führende Position einnehmen konnten. Zook und Allen leiten daraus eine Wachstumsformel ab, die hilft, neues Wachstum und Gewinne aus dem Kerngeschäft heraus zu generieren. Kern dieser Ausweitungsstrategien aus dem Kerngeschäft heraus bildet eine Landkarte mit sechs Erfolg verspre-

chenden Wachstumspfaden, die besonders erfolgreich wachsende
Firmen wählten (Abb. 17):

- Ausweitung entlang der Wertschöpfungskette,
- Entwicklung neuer Geschäfte,
- Wachstum durch neue Produkte und Dienstleistungen,
- neue Vertriebskanäle,
- neue Regionen und
- neue Kundensegmente.

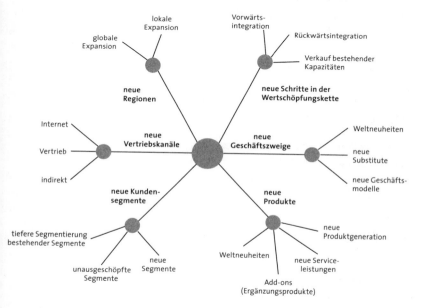

Abb. 17: Alternative Ausweitungsstrategien (Nagel 2009, S. 121)

Vorgehensweise
1. Definieren und bewerten Sie die Kerngeschäfte Ihres Unternehmens, Ihrer Region, Ihrer Kommune etc.
2. Identifikation möglicher Wachstumsfelder in angrenzenden Bereichen (adjacency moves).
3. Zusammenfassung zu strategischen Ausweitungsoptionen: Clustern Sie die entwickelten strategischen Ideen zu sinnvollen strategischen Wachstumsoptionen.
4. Erstbewertung der Auswertungsansätze

Zu einer ersten Einschränkung der entwickelten Optionen können die Grundregeln des Profit-from-the-Core-Konzepts helfen:

- Gefährde nie dein Kerngeschäft.
- Riskiere einen Ausweitungsschritt nur dann, wenn du erwarten kannst, im neuen Feld zu den Top-3-Spielern zu zählen.
- Eine Ausweitungsstrategie darf deine Organisation nie destabilisieren.

Methodische Hinweise
Zur Entwicklung der Ausweitungsstrategien kann eine Arbeitsgruppe der Stakeholder gebildet werden, eventuell auch unter Einbeziehung von internen Know-how-Trägern oder externen Impulsgebern. Erfahrungsgemäß sind für die Anwendung dieses Instruments etwa drei bis vier Stunden erforderlich. Pinnwände, Moderationsmaterial und manchmal eine Vorbereitungsunterlage zur Einstimmung der Teilnehmer sollten verfügbar sein.

Ergebnisse des Instruments
Dieser Ansatz empfiehlt sich vor allem dann, wenn der Foresight-Prozess hauptsächlich dazu dienen soll, neue Wachstumsmöglichkeiten aufzuspüren. Als Vorschritt dieser Denkreise ist es hilfreich, wenn in der Analysephase die Kernkompetenzen diagnostiziert wurden oder das eigene Kerngeschäft in der Logik von Abel und Drucker beschrieben wurde.

Quellen
Zook, C. (2001); Nagel, R. (2009).

4.5.4 Business Model Canvas

Grundgedanke
Wir leben in einem Zeitalter umwälzender neuer Geschäftsmodelle. Obwohl sie die Wirtschaftswelt über alle Branchengrenzen hinweg verändern, sind sie nicht leicht zu verstehen. Der von Osterwalder und Pigneur entwickelte Business Model Canvas bietet eine Darstellung, mit der mühelos Geschäftsmodelle beschrieben werden können. Der Canvas basiert auf neun Bausteinen, die die vier wichtigen Bereiche einer Organisation abbilden: Kunden, Angebot, Infrastruktur und finanzielle Überlebensfähigkeit (Abb. 18).

Ein Geschäftsmodell beschreibt das Grundprinzip, nach dem eine Organisation Werte schafft, vermittelt und erfasst. Die Herausforderung liegt darin, dass das Konzept simpel, treffend und intuitiv zu erfassen sein muss, ohne dabei die Komplexität der Funktionsweise von Organisationen allzu stark zu vereinfachen.

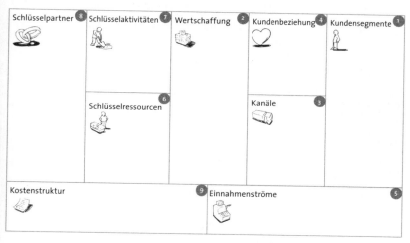

Abb. 18: Business Model Canvas (Osterwalder u. Pigneur 2011)

Vorgehensweise

Der Business Model Canvas wird in der folgenden Schrittfolge entwickelt:

1. Kundensegmente:
   - Für wen schaffen wir Wert?
   - Wer sind unsere wichtigsten Kunden?
2. Wertschaffung:
   - Welchen Wert liefern wir unseren Kunden?
   - Welche der Kundenprobleme helfen wir zu lösen?
   - Welche Kundenbedürfnisse befriedigen wir?
   - Welche Bündel von Produkten und Dienstleistungen bieten wir dem einzelnen Kundensegment an?
3. Kanäle:
   - Durch welche Kanäle wollen unsere Kundensegmente erreicht werden? Wie erreichen wir sie jetzt?
   - Wie sind unsere Kanäle integriert? Welcher funktioniert am besten?

- Welche sind am kosteneffizientesten?
- Wie integrieren wir sie mit den Routineprozessen der Kunden?
4. Kundenbeziehung:
   - Welche Art von Beziehung erwartet jedes Kundensegment von uns?
   - Welche Arten haben wir aufgebaut? Wie teuer sind sie? Wie sind sie in das übrige Geschäftsmodell integriert?
5. Einnahmenströme:
   - Für welchen Wert sind die Kunden bereit zu bezahlen?
   - Wofür bezahlen sie jetzt? Wie bezahlen sie jetzt?
   - Wie würden sie am liebsten bezahlen?
   - Wie stark trägt jeder Einnahmenstrom zur Gesamteinnahme bei?
6. Schlüsselressourcen:
   - Welche Schlüsselressourcen benötigt unsere Wertschöpfung?
7. Schlüsselaktivitäten:
   - Welche Schlüsselaktivitäten benötigt unsere Wertschaffung?
8. Schlüsselpartner:
   - Wer sind unsere Schlüsselpartner?
   - Wer unsere Schlüssellieferanten?
   - Welche Ressourcen erwerben wir von unseren Partnern?
   - Welche Schlüsselaktivitäten leisten unsere Partner?
9. Kostenstruktur:
   - Welches sind die wichtigsten Kosten in unserem Geschäftsmodell?
   - Welche Schlüsselressourcen sind am teuersten?
   - Welche Schlüsselaktivitäten sind am teuersten?

Ergebnisse des Instruments
Business Model Canvas ermöglicht ein Verständnis der Innovationsmodelle weltweiter Spitzenunternehmen. Es liefert daneben eine Methodik, bestehende Geschäftsmodelle in einer Branche neu zu denken oder zumindest alte Modelle weiterzuentwickeln.

In Kombination mit anderen Methoden wie dem Zukunftsszenario, der Trendextrapolation, der Branchendynamik nach Porter, der Blue-Ocean-Strategie kann dieses Grundmodell eine Beschreibungsform bieten, wie die Geschäftsmodelle eines Unternehmens, einer Branche, eines Sektors variiert werden können.

Quellen
Osterwalder, A., Pigneur, Y. (2011).

4.5.5 Zukunftsworkshop

Grundgedanke

Der Zukunftsworkshop ist eine Foresight-Methode, die in den 1970er Jahren entwickelt wurde. Sie unterstützt engagierte Gruppen dabei, neue Ideen zu entwickeln oder Lösungen für soziale Probleme zu erarbeiten. Ursprünglich wurde die Methode entwickelt, um Licht in eine problematische Situation zu bringen, Visionen für die Zukunft zu entwickeln und über Möglichkeiten ihrer Umsetzung nachzudenken. Passend ist der Zukunftsworkshop für Teilnehmer, die wenig oder keine Erfahrung mit Prozessen kreativer Entscheidungsfindung haben.

Vorgehensweise

Zukunftsworkshops werden in den folgenden vier Schritten durchgeführt:

1. *Vorbereitungsphase:* Hier werden die Rollen und der Zeitablauf des Workshops vorgestellt und mit den Teilnehmern abgestimmt. Dabei sitzen die Teilnehmer in einem offenen Kreis, um miteinander direkt ins Gespräch zu kommen und zu jeder Zeit zu den Pinnwänden gehen zu können.
2. *Kritikphase:* Hier wird das Problem kritisch und sorgfältig analysiert. Es beginnt mit einem für alle sichtbaren Brainstorming zu einer Fragestellung, die das jeweilige Problem bearbeitet.
3. *Fantasiephase:* Nach der Intention des Erfinders dieser Methode, Robert Jungk, wird in dieser Phase die soziale Fantasie aller Teilnehmer angesprochen. Alle Teilnehmer erarbeiten eine gemeinsame Utopie und entwickeln dabei möglichst mutige Bilder künftiger Möglichkeiten.
4. *Umsetzungsphase:* Die entwickelten Ideen werden überprüft und in Bezug auf ihre Praktikabilität ausgewertet.

Methodische Hinweise

Die Teilnehmer starten in homogenen Gruppen von sechs bis acht Personen. Während des Prozesses werden die Gruppen neu zusammengesetzt. Ziel dieser Vorgehensweise ist es, eine Beziehung zwischen allen Personen aufzubauen, um damit die kollektive Suche nach möglichen neuen Lösungen zu unterstützen.

Als allgemeine Regel gilt, dass alle Teilnehmer eines Zukunftsworkshops gleichwertig sind – trotz vorhandener Unterschiede in Bezug auf Sozialstatus, Erziehung und Ausbildung. Dieser Zugang auf Augenhöhe ist unterschiedlich anspruchsvoll: In einem Unternehmen mit hierarchischen Strukturen wird dies anders sein als in einer NGO. Eine sorgfältige Abklärung des Kontextes und gemeinsame transparente Zielsetzungen sind Erfolgskriterien eines Zukunftsworkshops.

Typische Anwendungsfelder im Foresight-Kontext
Idealerweise wird ein Zukunftsworkshop mit Bürgern durchgeführt, um auf kommunaler Ebene Zukunftsvorhaben zu entwickeln. Zukunftsworkshops als Methode der Politikberatung werden vermehrt auch in Weiterbildungsorganisationen eingesetzt mit Schwerpunkt auf pädagogischen und organisatorischen Themen.

Quelle
Eickhof, P., Geffers S. G. (2006); Jungk, R., Müller N. (1987); Kuhnt, B., Müller, N. (2004); Wikipedia, http://en.wikipedia.org/wiki/Future_workshop.

4.5.6 Mentale Zeitreise

Grundgedanke
Zweck einer Zeitreise ist es, sich aus der Alltagswahrnehmung von Routinen, Begrenzungen und den damit verbundenen Problemwahrnehmungen zu lösen und stattdessen konsequent alternative Lösungen anzustreben. Die Methode der Zeitreise kombiniert zwei Traditionen potenzialorientierter Interventionen: die Pseudoorientierung in der Zeit mithilfe der Wunderfrage (Steve de Shazer) und die Tranceinduktion nach Milton Erickson.

Im Rahmen von Foresight-Prozessen leitet sie den Übergang vom explorativen Forecasting zum normativen Foresight ein. Getreu dem Postulat von Steve de Shazer »Ich muss nicht im Detail wissen, wie ich den Karren in den Dreck gefahren habe, um zu wissen, wie ich ihn wieder herausbekomme«, geht es hier weniger um eine Tiefung der Problemanalyse, sondern um die Konstruktion eines Gegenentwurfs einer wünschenswerten besseren Welt.

Vorgehensweise

Visionsentwicklung ist eine im Foresight oft verwendete Methode. Ergebnis ist ein attraktives, zugkräftiges Bild einer erwünschten Zukunft. Dieses Bild fördert die Identifikation der Mitglieder einer Organisation oder eines Innovationssystems (Community) mit der Vision und den damit korrespondierenden Zielen und erhöht die Bereitschaft der Stakeholder, diese Ziele aktiv im eigenen Wirkungsfeld zu unterstützen und umzusetzen.

Viele Organisationen verfügen über ein Mission Statement oder eine Vision. Viele dieser Visionen sind unspezifisch oder vermitteln wenig Sinn und Ausrichtung. In solchen Fällen kann ein Visionsentwicklungsprozess dabei helfen, die Identifikation mit der vorhandenen Vision in einem Prozess der gemeinsamen Reformulierung zu stärken. Während die kognitive Analyse von Trends und die Szenarienentwicklung systematisches Denken voraussetzen, adressiert die Visionsentwicklung Fragen, von denen alle Personen, Gruppen, Organisationen und Netzwerke betroffen sind.

Visionen umfassen häufig einen qualitativen und einen quantitativen Teil:

- *Quantitative Visionen* entstehen in einem gemeinsamen Zielfindungsprozess, in dem von Betroffenen anspruchsvolle und neue Zielsetzungen (z. B. CO_2-Emissionssenkung von 80 % bis 2050) festgelegt werden. Dieser Prozess der quantitativen Entwicklung basiert auf einem vorhandenen Problembewusstsein und setzt den befürchteten Negativentwicklungen anspruchsvolle positive Zielformulierungen der Betroffenen entgegen.
- Im Unterschied dazu nutzt der Prozess der *qualitativen Visionsentwicklung* die intuitiven Fähigkeiten aller Stakeholder.

In der Folge wird eine spezifische Art des Entwickelns einer qualitativen Vision vorgestellt. Dieser spezielle Zugang kombiniert die Methoden der »geleiteten Fantasiereise«, »Bilder einer Ausstellung« und Fragestellungen aus der »Leitbildentwicklung«.

Die geleitete Fantasie setzt strukturell auf der traditionellen Wunderfrage an (Steve de Shazer, Insoo Kim Berg), indem sie so tut, als ob die Zukunft bereits erlebbare Gegenwart wäre. Die Art ihrer Einführung zielt auf die Erweiterung der Wahrnehmung der Teilnehmer ab. Ergänzend zum analytisch-beobachtenden und systematisierenden Denken wird das intuitive Wissen aller Stakeholder angesprochen. Das angenehme Wahrnehmen des eigenen Körpers zählt dabei ebenso wie die Wahrnehmungskanäle Hören, Sehen, Riechen und Schmecken zur Informationsquelle zur Beantwortung zentraler Fragestellungen.

Die Zeitreise aktiviert bisher positiv erfahrene Situationen aus der Vergangenheit und verknüpft diese mit Fragestellungen aus der Zukunft.

1. Die Teilnehmer werden aufgefordert, sich in eine bequeme Sitzhaltung zu begeben und die Gedanken auf angenehme Situationen (z. B. Urlaub) zu richten. Dabei wird das bewusste Denken dazu eingeladen, die einzelnen methodischen Schritte zu verfolgen, während sich das intuitive Wissen zur selben Zeit zu den Orten begeben kann, an denen bisher gut für sie gesorgt wurde.

2. Erzählerisch kann dann zum Beispiel der alte Wunsch der Menschheit nach dem Fliegen und der damit verbundenen Freiheit und Weite eingeführt und daran anschließend das Bild eines bunten Heißluftballons angeboten werden, der in der Stadt, Region der Handlung gelandet ist.

3. Den Teilnehmern wird die Möglichkeit angeboten, als Gedankenexperiment einmal in den Luftballon einzusteigen und mit ihm vom Boden abzuheben. Hundert Meter Aufstieg bringen die Stakeholder zehn Jahre nach vorne in die Zukunft, sodass sich in 500 Metern Höhe und darüber im Blick des Betrachters alle Veränderungen der letzten 50 Jahre bereits vollzogen haben.

4. Ein »Willkommen heute, im Jahr XY« lädt die Ballonfahrer ein, im physischen und mentalen Erleben ganz in der Zukunft anzukommen und sich beim Beobachten der unter dem Ballon liegenden Stadt/Region etc. von den im Foresight-Prozess adressierten Kernfragen anleiten zu lassen. Die Ballonfahrer werden dazu ermutigt, mit Ohren, Augen, Geruchs- und Geschmackssinn alle Unterschiede wahr- und aufzunehmen. Fragen können sich darauf beziehen, wie groß eine Stadt ist, wie viel Grünfläche wahrnehmbar ist, wer sich in der Stadt bewegt und wie diese Menschen aussehen. Welche Sprache sie sprechen, wie alt oder jung sie sind, was sie miteinander in der Freizeit tun und wie sie hier arbeiten. Wie sich die Menschen fortbewegen und wie der Austausch zwischen der Stadt und ihrem Umfeld stattfindet.

5. Um ein integriertes Erleben zu unterstützen, werden die Ballonfahrer ermuntert, sich einerseits ihrem intuitiven Teil anzuvertrauen und mit diesem durch unterschiedliche Orte zu »flanieren« und all die wünschenswerten und angenehmen Details aufzunehmen. Zur gleichen Zeit werden sie auch dazu angeregt, mit ihrem klar beobachtenden Teil die Details zu registrieren und auf Hinweise zu achten, mit welchen Maßnahmen dieser erstaunlich positive Wandel in den letzten Jahren wohl gelungen sein dürfte.

6. Ziel dieses Schrittes ist es, die Teilnehmer ganz die Lösungen der Zukunft zu lassen und sie andererseits wieder verstärkt in ihr Alltagsdenken und den Veranstaltungsraum zurückzuholen. Erreicht wird das dadurch, dass auf Geräusche wie Rücken von Sesseln, Lüftungsanlagen etc. hingewiesen, die Aufmerksamkeit wieder auf die Sitzhaltung gelenkt wird und die Teilnehmer zum Schluss dazu eingeladen werden, in ihrem persönlichen Tempo wieder in den Raum zu kommen und dabei all die positiven Eindrücke mitzunehmen, die das »Heute des Jahres 20XY« so attraktiv machen.

7. Die Teilnehmer der Zeitreise werden willkommen geheißen und eingeladen, in Kleingruppen die Bilder und Erfahrungen auszutauschen und mithilfe einer Brainstorming-Liste all die Facetten der wünschenswerten und attraktiven Zukunft zu sammeln.

8. Danach werden die Teilnehmer gebeten, auf der Basis dieser Liste eine eigene Darstellungsform zu finden, die ihre Kerneinsichten und Blitzlichter des Brainstormings ohne Sprache – zum Beispiel mithilfe eines Bildes, einer Collage, eines Sketches – möglichst optimal wiedergeben kann. Abhängig von der Teilnehmerzahl entstehen als Ergebnis meist sechs bis acht Bilder.

9. Die Bilder werden in einer »Galerie« ausgehängt, wo sie von den jeweils anderen »fremden Besuchern« beschrieben und interpretiert werden. Diese Interpretationen arbeiten einerseits die grundlegenden Konstruktionsmuster der »Künstler« heraus und fügen bereichernde neue Facetten dazu. Der Berater stellt Fragen und notiert simultan alle Aussagen zu den Bildern.

10. Im Anschluss an diese Galerie wird vom Berater eine Leitvision herausgearbeitet, beim nächsten Workshop mit allen noch einmal diskutiert und von den Stakeholdern freigegeben. Vor dem Hintergrund der Kernaussagen zu den angestrebten Lebenswirklichkeiten werden die Teilnehmer eingeladen, quantitative Ziel-

setzungen in Bezug auf ihre Auswirkung zu hinterfragen und zu reformulieren.

11. In einer späteren Delegiertenkonferenz werden die unterschiedlichen quantitativen Zielvorstellungen vorgestellt und begründet und als ein gemeinsamer quantitativer Strategierahmen festgelegt.

12. Sowohl die quantitative als auch die qualitative Vision werden bei allen Folgeschritten wie z. B. Backwards-Szenarien-Entwicklung, Roadmapping, Aktionsplanentwicklung als Bezugsrahmen, Orientierungshilfe und Sinnstiftung verwendet und regelmäßig als Anker genutzt.

Ergebnis des Instruments

Der qualitative Visionsentwicklungsprozess verstärkt den Zusammenhalt in der Gruppe und die Identifikation der Stakeholder mit einem Gesamtziel. Die entstandenen Bilder können als Symbol oder Bild für den gemeinsamen Foresight-Prozess verwendet werden (Buchcover, Kalender, T-Shirt oder Konferenztaschenaufdruck etc.)

Methodische Hinweise

Voraussetzung für diese Methode ist eine Ausbildung des Moderators im Einsatz hypnosystemischer Interventionen. Diese Methode wird zum Zweck des Aktivierens vorhandener, kreativer und intuitiver Potenziale der Stakeholder eingesetzt. Damit ist sie immer mit analogen Methoden der Visionsentwicklung wie z. B. »Bilderzeichnen« oder »Sketches« verknüpft.

Diese Art der Visionsentwicklung kann mit einer Gruppe von 12 bis 120 Teilnehmern durchgeführt werden. Dabei muss mit einem Zeitaufwand von etwa drei Stunden gerechnet werden. Für die Durchführung braucht man einerseits ein World-Café-Setting (Abschn. 4.8) mit Papier auf den Tischen und andererseits eine oder mehrere Wände, die als Galerie nutzbar sind.

Methodenvariante: Das Zukunftsbild, das in der Großgruppe diskutiert wird, kann von einem professionellen »Painter« simultan als Gesamtbild gezeichnet werden. Die Zeichnung selbst stellt dabei den ersten Integrationsschritt der einzelnen Gruppenergebnisse dar und wird analog zum ersten Vorgehen von dem Beraterteam in einem Folgeschritt als Entwurf einer Leitvision ausformuliert (vgl. Kapitel 5).

Quellen

Spezifische Kombination der Methoden: Wilhelmer, D. (2012); Shazer, S. de (2009); Schmidt, G. (2004); Sparrer, I. (2002); Collin, J., Porras, J. (1994); Ronis, S. R. (2007); Stout, L. (2011).

4.5.7 Story Lines und Rahmenszenarien

Grundgedanke

Unter Story Lines versteht man alternative Handlungsstränge, die traditionellerweise für das Entwickeln von Drehbüchern für Filme, Romane, Kriminalgeschichten, Science-Fiction etc. genutzt werden. Mithilfe verschiedener formaler Konstruktionsmuster werden durch unterschiedliche Zielsetzungen sowie das Austauschen inhaltlicher Einzelelemente (Personen, Orte, Zeiten, Motive) alternative Handlungsstränge geschaffen. Auch im Rahmen der Strukturaufstellungen (Matthias Varga von Kibéd, Insa Sparrer) wird das »Format« der Drehbuchaufstellung dafür genutzt, vorhandene Problemmuster durch eine Eskalation sichtbar und damit veränderbar zu machen.

Vorgehensweise

Das Entwickeln von Story Lines findet innerhalb eines konzeptionellen Rahmens statt. Dieser umfasst:

- Key-Driver aus Technologie, Politik, Umwelt,
- ein sektorales Modell, charakterisiert z. B. durch Entwicklungsmuster von Nachfrage und Angebot; Transportarten wie Straße, Schiene, Wasserweg, Luftweg; Antriebsarten wie Elektro, Hybrid, Benzin, Diesel; Anzahl und Typen von Verkehrsmitteln etc. sowie deren
- primäre Zielkriterien wie z. B. Reduzierung von Treibhausgasen (wie z. B. CO_2), Staus, Verkehrsunfällen, der Abhängigkeit von fossilen oder erneuerbaren Brennstoffen.

Eine beispielhafte Vorgehensweise könnte folgendermaßen aussehen:

1. Identifikation zentraler Key-Driver der Zukunft aus Technologie, Politik und Umwelt sowie ihrer zentralen Verbindungen unterei-

nander. Dies stellt einen ersten Schritt zur Entwicklung von Szenariofragmenten dar.

2. Identifikation der Auswirkungen der Key-Driver auf die Entwicklung des »Langstreckenfrachtverkehrs« und der primären Zielkriterien wie Stau, Unfälle, Abhängigkeit von fossilen Brennstoffen etc.

3. Selektion der wichtigsten Key-Driver im Rahmen einer Delegiertenkonferenz.

4. Entwicklung von drei bis zehn Handlungssträngen pro Stakeholder-Tisch. Dabei wird eine limitierte Anzahl von Key-Drivern miteinander kombiniert (aufbereitet in Form von Spielkarten), denen seitens der Stakeholder ein großer Einfluss auf die primären Zielkriterien zugeschrieben wird. Künftige Aktionen und Maßnahmen können dabei integriert werden – ohne Utopien zu erzeugen. Jeder Stakeholder-Tisch fokussiert auf ein Kriterium und eine realistische Zukunft (Abb. 19).

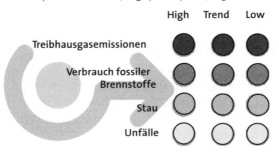

Story-Lines

Aufgabenstellung für die Dialogtische

Jeder Dialogtisch fokussiert auf eines der vier Kriterien und dessen realistische Zukunft. Erwartet wird, dass die Entwicklung des Kriteriums über dem Trend | im Trend | unter dem Trend (»High | Trend | Low«) liegt.

Abb. 19: World Café zur Entwicklung einer Story Line

5. Ergebnisgalerie der verschiedenen Story Lines und Konsolidierung der Ergebnisse.

6. Gesamtauswertung von Vertretern der vier Konsolidierungsgruppen (z. B. Treibhausgase, Abhängigkeit von fossilen Brennstoffen, Staus, Unfälle) im Rahmen einer Delegiertenkonferenz. In dieser Auswertungsrunde wird erörtert, in welcher Weise die ent-

standenen Handlungsfragmente für die Forecasting-Szenarien weiterverwendet werden.

7. Darstellung: mit Blick auf eine Zukunft in 40 Jahren: Entwickeln Sie unterschiedliche zukunftsorientierte Handlungsstränge. Stellen Sie diese als kurze Sketche dar, in denen die unterschiedlichen Key-Driver verknüpft werden.

Beispielhafte Handlungsstränge für den europäischen Frachtverkehr

Story Line zur Fortsetzung des bisherigen Trends:
* Mega-Trucks werden flächendeckend benutzt.
* Die Globalisierung schreitet in einem Tempo voran, das mit dem der letzten 20 Jahre vergleichbar ist.
* Die Energiekosten entwickeln sich wieder zu einem vergleichbaren Level wie vor der Finanzkrise.
* Dank der Marktliberalisierung kann der Schienenverkehr seinen Marktanteil halten.
* Treibhausgase wachsen im Trend der letzten Jahrzehnte.

In Kombination mit dem Einsatz von Mega-Trucks, der gleichbleibend voranschreitenden Globalisierung, dem Rückgang der Energiekosten und dem gleichbleibenden Anteil des Schienenverkehrs führt diese Entwicklung zu einem Ansteigen der Treibhausgase im Rahmen des Entwicklungstrends der letzten Jahrzehnte.

Story Line über dem bisherigen Trend:
* Mega-Trucks werden flächendeckend benutzt.
* Die Globalisierung geht zurück, der europäische Binnenmarkt kompensiert den Export von Produkten und Technologien in die USA und nach Asien.
* Die Energiekosten nehmen zu und erreichen wieder ein Level, das über den Preisen von 2008 (Beginn der Finanzkrise) liegt.
* Es kommt zu einer leichten Verschiebung des Frachtverkehrs von der Schiene auf die Straße.
* Treibhausgase nehmen nach dem Muster des Trends der letzten Jahrzehnte sukzessive zu.

In Kombination mit dem Einsatz von Mega-Trucks, dem Rückgang der Globalisierung und der Steigerung der Energiekosten führt diese Entwicklung zu einem Ansteigen der Treibhausgase über das im bisherigen Trend liegende Limit hinaus.

Story Line unter dem bisherigen Trend:
- Mega-Trucks werden flächendeckend benutzt.
- Die Globalisierung bleibt auf dem gegenwärtigen Level.
- Die Energiekosten nehmen signifikant zu.
- Die hohen Energiekosten und andere externe Kosten für alle Verkehrsarten führen zur wachsenden Bedeutung der Energieeffizienz im Straßenverkehr. Es kommt zu einer Verschiebung von der Straße auf die Schiene.
- Treibhausgase gehen im Vergleich zum Trend der letzten Jahrzehnte zurück.

In Kombination mit dem Einsatz von Mega-Trucks, der gleichbleibenden Globalisierung, der starken Steigerung der Energiekosten und der damit verbundenen Verschiebung eines Großteils des Frachtverkehrs von der Straße auf die Schiene führt diese Entwicklung zu einem Rückgang der Treibhausgase im Vergleich zum bisher im Trend liegenden Limit.

Methodische Hinweise
Eine kurze und klare Information über Story Lines vor Beginn der Stakeholder-Dialoge unterstützt die Orientierung der Teilnehmer. Zum Start der Veranstaltung sind die vorbereiteten inhaltlichen Inputs zu Trends und Treibern wichtig. Darauf aufbauend können im Rahmen der World-Café-Methode (Abschn. 4.8) die wichtigsten Treiber identifiziert und hinterfragt werden. Eine Bewertung im Rahmen einer Großgruppe schützt vor Manipulationsverdacht.

Wichtig sind klare schriftliche Anleitungen, eine gute Logistik und ein dynamischer Ablauf.

Ergebnis des Instruments
- Gemeinsame Identifikation von Key-Drivern auf der Basis von Experteninputs und Plausibilitätscheck der Stakeholder-Praktiker,
- Überprüfung der Plausibilität der verschiedenen Storys,
- Entwicklung von Szenariofragmenten (herausgearbeitete Trends) für darauf aufbauende Forecasts und Zukunftsszenarios,

- Schaffung eines Verständnisses bei den Stakeholdern über die Wirkungszusammenhänge zwischen Key-Drivern und Zielkriterien des Foresight.

Typische Anwendungsfelder im Foresight-Kontext

Story Lines werden im Rahmen von Stakeholder-Foren gemeinsam entwickelt. Dabei fließen die Erfahrungen der beteiligten Entscheidungsträger aus ihren jeweiligen beruflichen Kontexten ein.

Story Lines können sowohl explorativ als auch normativ entwickelt werden, d. h. sowohl für Backwards- als auch für Forecasting-Szenarien. Das Instrument der Story Lines dient sowohl zur Fundierung einer Szenarienentwicklung als auch zur Sensitivitätsanalyse.

Quellen

Kubeczko, K., Wilhelmer, D. (2009).

4.5.8 Optionsentwicklung

Grundgedanke

Dieser Kreativitätsschritt wird durch keine inhaltlichen Modelle oder Konzepte vorbestimmt. Allein die Frage nach drei deutlich unterscheidbaren Zukunftsentwürfen für das untersuchte System leitet diesen Suchprozess. Um den Wechsel der Perspektive von der Analyse zur kreativen Umsetzung zu symbolisieren, laden die Foresight-Berater das Zukunftsteam zu einem Kreativitätsspaziergang ein. Auf diesem Spaziergang sollen die verschiedenen möglichen Zukunftsbilder erörtert werden. Dabei ist es wichtig, das Zukunftsteam auf eine »hohe strategische Flughöhe« einzustimmen.

Vorgehensweise

1. Kreativitätsspaziergang in kleinen Gruppen (20 Minuten): Unternehmen Sie einen gemeinsamen Spaziergang. Erörtern Sie vor dem Hintergrund der bisherigen Einschätzungen mögliche unterschiedliche strategische Zukunftsbilder für Ihr betrachtetes System: »Think big!«
2. Gestalten eines Optionsflipcharts durch jede Kleingruppe (40 Minuten): Stellen Sie auf dem bereitgestellten Flipchart drei deutlich unterscheidbare Optionen dar.
   - Finden Sie eine Überschrift für jede dieser alternativen Optionen.

- Erläutern Sie die jeweilige Option mit einigen Stichworten.
- Illustrieren Sie die drei Optionen mit jeweils einem unterschiedlichen Bild, einer Zeichnung, einer Karikatur oder einem Symbol.
3. Präsentation der drei bis fünf Kreationsplakate im gesamten Plenum (fünf bis maximal zehn Minuten pro Kleingruppe).
4. Bündelung der attraktivsten Optionen (20 Minuten): Diskutieren Sie alle vorgestellten Optionen aus Schritt 3 und wählen Sie Ihre drei attraktivsten Optionen aus.

Meist ergeben sich hier drei bis fünf alternative Entwicklungsrichtungen, die in einem nächsten Arbeitsschritt vertieft untersucht werden.

Methodische Hinweise
Das gesamte Zukunftsteam wird in Dreiergruppen aufgeteilt, die sich gemeinsam auf die Optionssuche begeben. Diese Kreativitätsübung erfordert etwa eine Stunde.

Ergebnisse des Instruments
Am Ende der Diagnosen der Main-Foresight-Phase empfiehlt es sich, mögliche unterschiedliche strategische Optionen in groben Umrissen zu skizzieren. In dieser Phase sind die verschiedensten diagnostischen Einschätzungen und die zu bewältigenden besonderen Herausforderungen den Stakeholdern sehr präsent. Es empfiehlt sich, diesen kreativen Sicherungsschritt zum Ausklang des Workshops zu Story Lines und Forecasting-Szenarios anzusetzen. Dadurch wird sichergestellt, dass sich die wichtigsten diagnostischen Informationen auch in den strategischen Optionen wiederfinden. Aus diesem gemeinsamen Fundus heraus gelingt es immer, wichtige strategische Entwicklungsrichtungen zu identifizieren.

Quellen
Nagel, R. (2009).

4.5.9 Fokusgruppe

Grundgedanke
Fokusgruppen sind eine Methode der qualitativen Forschung. In einem Gruppeninterview werden Personen nach ihren Perspektiven,

Meinungen und Haltungen zu bestimmten Themen befragt. Mithilfe von Fragen werden die Gruppenteilnehmer zu einer Diskussion über bestimmte Themen angeregt. Diese Methode geht auf den Soziologen Robert Merton zurück (Lazarsfeld a. Merton 1950).

Ziele und Ergebnisse des Instruments

Erheben qualitativer Daten: z. B. Vorlieben, Wert- und Glaubenshaltungen, Einstellungen, Gewohnheiten und Vorlieben von Personen. Erheben neuartiger Optionen und Ideen.

Vorgehensweise

1. Ziel und Zweck der Fokusgruppe definieren,
2. zeitliche Planung festlegen,
3. Fragestellungen entwickeln,
4. Teilnehmer identifizieren und einladen,
5. Fokusgruppenskript bzw. -design entwickeln,
6. Moderator auswählen,
7. Fokusgruppen moderiert durchführen,
8. Resultate dokumentieren und interpretieren.

Methodische Hinweise und Erfahrungen

Die Teilnehmerzahl einer Fokusgruppe kann 4 bis 14 Personen betragen. Eine Fokusgruppe muss unbedingt fachkundig moderiert werden. Der Moderator begleitet den Prozess, ohne auf die Inhalte Einfluss zu nehmen.

Fokusgruppen wurden erstmals in der Marktforschung eingesetzt, um zielgruppenspezifische Meinungen und Haltungen zu erheben.

Alternativ zu Fokusgruppen können non-direktive Gruppeninterviews eingesetzt werden.

Typische Anwendungsfelder im Foresight-Kontext

Innerhalb von Foresight-Prozessen werden Fokusgruppen zur Entwicklung langfristiger Zukunftsperspektiven eingesetzt. Unter diesem Blickwinkel waren Fokusgruppen im Foresight-Prozess »FUTUR – der deutsche Forschungsdialog« das wichtigste strukturelle Element der Kommunikationsarchitektur. Die Aufgabe der Fokusgruppen bestand nicht nur darin, auf bestimmte Themenfelder zu fokussieren, sondern auch nach wissenschafts- und technologiebasierten Lösungen zu suchen. Die Gruppen arbeiteten detaillierte Analysen aus und formulierten Rahmenbedingungen für die einzelnen Themen. Die Inputs der Fokusgruppen stellten die Basis für die Entwicklung von Szenarien und Leitvisionen dar, die ihrerseits als Rahmensetzung für alle neuen Forschungsprogramme und Projekte übernommen wurden.

Quellen

Fern, E. F. (1982); Morgan, D. L. (1996); Morgan, D. L. (1997); Wikipedia, http://en.wikipedia.org/wiki/Focus_groups.

4.5.10 Gaming

Grundgedanke

Spiele gehören zu den ältesten Forecasting- und Planungsmethoden. Gaming wurde entwickelt, um Personen dabei zu unterstützen, die Rolle und Sichtweisen anderer Beteiligter und dadurch Planungsprozesse besser zu verstehen.

Die Teilnehmer versetzen sich in die Rolle anderer anwesender Stakeholder und brainstormen, verhandeln und bewerten vor dem Hintergrund ihrer Interessen und Bedürfnisse. Das Erleben von sozialen Strukturen und ihren Auswirkungen auf kommunikatives Handeln erweitert das Verständnis für die Wechselwirkungen in sozialen Systemen.

Vorgehensweise

1. Definition der Ziele für das Rollenspiel: Mögliche Ziele können Selbstreflexion und Lernen oder das Simulieren der Auswirkungen technologiebezogener Entscheidungsprozesse sein.
2. Festlegung der spielbestimmenden Rahmenbedingungen wie Dauer, Anzahl der Teilnehmer und erreichbare Ressourcen (Geld, Technologien etc.).
3. Identifikation und Auflistung von kritischen Erfolgsfaktoren in der gegenwärtigen und der gewünschten Situation.
4. Entwicklung und Ausgestaltung passender Szenen.
5. Durchführung des Rollenspiels.
6. Entrollen (debriefing) der Spieler und Beobachter: Befragung der Rollenspieler und Beobachter nach den Beweggründen gezeigter Handlungen und Einsichten (role-sharing).

7. Follow-up: Entscheidung über eine Wiederholung des Spiels mit anderen Stakeholdern bzw. Entscheidung über ein Follow-up mit derselben Gruppe und neuen Spielanleitungen.

Ergebnis des Instruments
Entwicklungsmuster und Wirkungskreisläufe werden im »Innovationssystem« oder »organisationalen System« sichtbar und erlebbar.
Gaming kann sein:

- ein Rahmen für Brainstorming-Ideen,
- eine Anleitung für ein gemeinsames »Gedankenexperiment«,
- eine Möglichkeit, vor Entscheidungen Verhaltensreaktionen zu überprüfen,
- ein Rahmen für wechselseitiges Lernen,
- eine Intervention zur Verbesserung oder Verstärkung der Kommunikation zwischen den Teilnehmern,
- eine Unterstützung für Entscheidungsträger und Experten bei der gemeinsamen Klärung von Problemen.

Methodische Erfahrungen
Gaming wird von Teilnehmern im Unterschied zu den überwiegend eingesetzten analytischen Methoden als belebend empfunden. Die Integration von Rollenspielen in Simulations- oder Planungsverfahren sowie von Trendextrapolation bewährt sich, da die Teilnehmer emotionale und rationale Einsichten in wahrscheinliche Entwicklungsdynamiken alternativer Zukunftsszenarien erhalten.

Rollenspiele finden ihre natürliche Grenze, wenn die Vorstellungskraft für Rollen fehlt, die im Prozess nicht vertreten sind, oder wenn Teilnehmer ein strategisches Spielverhalten an den Tag legen.

Typische Anwendungsfelder im Foresight-Kontext
Gaming wird im Foresight als Entscheidungs- und Planungshilfe für die Entwicklung von Handlungsempfehlungen genutzt. Es ermöglicht den Teilnehmern Einsichten in wahrscheinliche Reaktionen anderer betroffener Stakeholder. Wenn die Auswirkungen von Entscheidungen oder Trends noch unklar sind oder die Stakeholder über kein klares Verständnis des Themenfeldes verfügen, können Rollenspiele eine vergnügliche Methode für neue Erkenntnisse sein.

Quellen
FOR-LEARN Online Guide; Gredler, M. (1992); Mayer, I., Mastik, H.
(2007).

4.6 Bewertung von Zukunftsalternativen

4.6.1 Portfoliomethode

Grundgedanke
Die Portfolioanalyse ist für viele *die* strategische Methode schlechthin. Die Gründe für diese hohe Bekanntheit liegen darin, dass die Methode die Analyse der Chancen und Bedrohungen aus der Außenwelt mit den Stärken und Schwächen des Unternehmens kombiniert.

Die Portfolioanalyse geht auf die Portfoliotheorie des Ökonomen H. M. Markowitz (Nobelpreis für Wirtschaft 1990) zurück, der sich mit der optimalen Veranlagung eines Wertpapierportfolios beschäftigte. Markowitz formulierte bereits 1952 die Grundsätze eines optimalen Portfolios, die im Kern auch für die Auswahl von strategischen Optionen gelten (Markowitz 1952):

- Kombiniere eine Gruppe von Vermögenswerten so, dass bei einem gegebenen Risiko der erwartete Gesamtgewinn aus dem Portfolio maximiert wird.
- Kombiniere eine Gruppe von Vermögenswerten so, dass für eine gegebene Gewinnrate das Risiko des Portfolios minimiert wird.

Das auf diesen zwei Grundprinzipien aufbauende Portfoliomodell ist ein Instrument zur Analyse und Entwicklung von Strategien, das sich mit der Auswahl und der Bewertung strategischer Optionen beschäftigt. Das Portfoliomanagement hilft dabei, zu differenzierten und fokussierten Schwerpunktsetzungen zu kommen.

Vorgehensweise
1. Aufteilung des Unternehmens/Bereichs/Themenfeldes in passende Einheiten, um die Situation differenzierter analysieren zu können.

2. Definition der wichtigsten Faktoren, die die Außenperspektive (Marktattraktivität) und die Binnenperspektive (Wettbewerbsposition) in dieser Branche bzw. in der jeweiligen Situation abbilden.

3. Beurteilung der Wettbewerbsposition des Geschäftsfeldes.

4. Bewertung der Marktattraktivität der Branche.

5. Aus den Schritten 3 und 4 ergibt sich das Ist-Portfolio. Die jeweils bewerteten Felder (Produkte, Technologien, Märkte etc.) werden in der Matrix positioniert. (Die Größe der Kreise kann die Relevanz verdeutlichen.)

6. Zukunftsprognose: Was passiert, wenn nichts passiert? Wohin entwickelt sich der jeweilige Themenbereich, wenn keine Aktivitäten gesetzt werden?

7. Entwicklung eines Soll-Portfolios. Wohin wollen wir die einzelnen Portfoliothemen entwickeln? Welche Zukunftsoptionen sind plausibel und anstrebenswert?

Methodische Hinweise

Die Portfolioanalyse ermöglicht eine bildhafte Positionierung der verschiedenen untersuchten Themenfelder. Sie zwingt das Portfolioteam zu Prioritätensetzungen. Allerdings suggeriert die Bewertung der verschiedenen Faktoren der Marktattraktivität und Wettbewerbsposition eine »Scheingenauigkeit«. Letztlich dominieren qualitative Einschätzungen bei der Bewertung der jeweiligen Position, wodurch eine Manipulationsgefahr gegeben ist. Dieser kann durch sorgfältige Diskussion der Positionierung der Geschäftsfelder vorgebeugt werden.

Ergebnisse des Instruments

Der Vorteil der Portfolioanalyse liegt – wie bei manch anderen Instrumenten auch – weniger im exakten Ergebnis, sondern stärker im gemeinsamen Diskussionsprozess. Die Portfolioanalyse fördert die Transparenz und den Austausch der unterschiedlichsten Informationen und Annahmen über das Geschäft und animiert so zu wertvollen und kreativen Diskussionen in einem Stakeholder-Kreis.

Quellen

Strategieliteratur – u. a. Hax, C. C., Majluf, N. S. (1991).

4.6.2 Wargaming

Grundgedanke

Die dynamische Wettbewerbsanalyse hat ihren Ursprung in der Szenariotechnik. Sie ermöglicht ein Dynamisieren des Wettbewerbsumfelds durch mehrere aufeinander bezogene »Züge«. Eine weitere Besonderheit ist das Hineinversetzen in den Wettbewerber (»Sie sind jetzt der Vorstand Ihres Wettbewerbers XY!«). Gezielt können in einem Rollenspiel »aggressive« Strategien der Wettbewerber gegen das eigene Unternehmen entwickelt werden.

Wettbewerber können nicht nur Unternehmen sein, sondern auch Regionen oder Branchen, die miteinander konkurrieren. Neben den Aktivitäten der Wettbewerber können auch andere Veränderungen – »disruptive Entwicklungen« im Markt – durchgetestet werden (z. B. neue gesetzliche Regulierung etc.). Eine solche dynamische Wettbewerbsanalyse ermöglicht es, Schwachstellen oder »blinde Flecken« der eigenen Wahrnehmungsmuster und der bisherigen Strategien zu entdecken und proaktiv zu schließen.

Mit dieser Methodik werden Grundlagen für die Verbesserung der Wettbewerbsposition geschaffen.

Vorgehensweise

1. Vorbereitung und Auswahl der relevanten Wettbewerber:
   Zur Vorbereitung dieses Rollenspiels sollten die genauen Ziele, die mit diesem Analyseschritt verfolgt werden, spezifiziert und konkretisiert werden. Für den Erfolg dieses Schrittes ist die Wettbewerberauswahl wichtig. Wargaming eignet sich besonders, wenn sich einige wenige, klar identifizierbare Wettbewerber gegenüberstehen. In einem atomistischen Wettbewerbsumfeld ist die Methode weniger aussagekräftig. Um möglichst realitätsnahe Wettbewerbsstrategien zu entwickeln, ist eine vorbereitete Beschreibung der Mitspieler nützlich (Zusammenfassung von veröffentlichten Zahlen, deren Potenziale, deren bekannte Strategien, Profile der Entscheider, Auswertung der Presseberichte, vorhandene Marktanalysen und Studien etc.).

2. Einstimmung in die Welt des Wettbewerbs:
   Bildung von zwei bis vier Teams, die in die Rolle der ausgewählten Wettbewerber schlüpfen. Am Anfang steht dabei die Identifikation mit dem jeweiligen Wettbewerber. Dazu werden die zur

Verfügung gestellten Markt-, Technologie- und andere wichtige Kontextinformationen von den Teams analysiert und mit den eigenen Beobachtungen ergänzt. Ziel ist es, die Stärken und Schwächen des jeweiligen Wettbewerbers gemeinsam auszuloten.

3. Entwicklung von Wettbewerbsstrategien gegen das eigene Unternehmen, die eigene Region oder die eigene Technologie:
   Die jeweiligen Gruppen haben in diesem Rollenspiel als ein Entscheiderkreis des Wettbewerbers im Wesentlichen folgende Aufgabe zu lösen: die Entwicklung einer aggressiven Strategie, um der »veranstaltenden Organisation, Sektor oder Region« mit ihren Produkten, Dienstleistungen oder Technologien möglichst zu schaden. Dafür werden »strategische Züge« entwickelt. Dies sind oft Kombinationen strategischer Maßnahmen, z. B. wenn ein neuer Forschungsschwerpunkt, ein neues Dienstleistungsprodukt mit einer auffallenden Marketingkampagne über einen bisher nicht intensiv genutzten Vertriebskanal auf den Markt gebracht wird. Am Ende dieses Schrittes sollen jeweils etwa sieben (fünf bis neun) strategische Züge entwickelt und schriftlich dokumentiert sein.

4. Strategische Gegenreaktion der veranstaltenden Organisation oder Region (Auftraggeber):
   Rollenwechsel: Die Teams, die bisher in der Rolle der verschiedenen Wettbewerber waren, wechseln in diesem Schritt in die Rolle des Leitungskreises des eigenen Systems. Die »feindlichen Strategien« werden hinsichtlich der Auswirkungen auf das eigene System analysiert, und in einem weiteren Schritt werden Strategien als Reaktion auf die Wettbewerberstrategien entwickelt.

5. Reaktion der Wettbewerber auf unsere Gegenreaktion:
   Die in Schritt 4 erarbeiteten Gegenreaktionen des Realsystems werden den erneut konstituierten Wettbewerbergruppen präsentiert. Die Wettbewerber analysieren die Auswirkungen dieser Gegenstrategien auf sich und entwickeln ihrerseits neue Antworten auf unsere strategischen Züge. Dadurch kann überprüft werden, wie wirksam unsere strategischen Antworten sind.

6. Auswertung der Learnings:
   Besonders wichtig ist dies für die eigenen strategischen Überlegungen:
   • Welche Chancen und Risiken sind in dieser intensiven Auseinandersetzung mit den Wettbewerbern sichtbar geworden?

- Wie robust sind unsere strategischen Überlegungen (Sensitivitätsüberprüfung)?
- Was sind die potenziell gefährlichsten Züge unserer Mitbewerber?
- Wo sind unsere offenen Flanken oder blinden Flecken?
- Learnings aus dem Wargaming (blinde Flecken).

Methodische Hinweise

Wargaming ist eine komplexe Methode, die bis zu zwei Tagen dauern kann. Die Qualität der Analyse und der Erkenntnisse hängt wesentlich von der sorgfältigen Vorbereitung ab. Es empfiehlt sich, im Vorfeld ein Profil der betrachteten Wettbewerber anzulegen. An einem Wargaming nehmen erfahrungsgemäß 12 bis 60 Personen teil. Als Unterstützung sind gesonderte Protokollanten für die einzelnen Arbeitsgruppen sehr nützlich.

Ergebnisse des Instruments

Wargaming eignet sich besonders, um die Wettbewerbslandschaft tiefer zu verstehen. Eintrittsbarrieren und Wettbewerberstrategien werden durch den Rollenspielcharakter emotional besser nachvollziehbar als mit einem rein kognitiven Analyseinstrument. Bereits entwickelte eigene Optionen können mit diesem Tool auf den Prüfstand gestellt werden. Im Sinne einer Sensitivitätsprüfung werden Risiken und Potenziale sowie die Reaktionen anderer Akteure transparent und nachvollziehbar. Die Methode hilft, die »Persönlichkeit« und Motivlage wichtiger Spieler außerhalb des eigenen Systems besser zu verstehen.

Quellen

Szenariotradition, weiterentwickelt durch die osb international Consulting AG: Nagel, R. (2009).

4.6.3 Rüttelstrecke

Grundgedanke

Eine »Rüttelstrecke« dient dazu, die verschiedenen Einschätzungen eines Stakeholder-Teams zu den möglichen Optionen sichtbar zu machen. Dies ist weniger als rationaler Entscheidungsprozess konzipiert, denn als Hin-und-her-Pendeln zwischen verschiedenen Aspekten der strategischen Optionen. Aus dem Aushandeln der verschiedenen möglichen Zukunftsbilder geht meist eine gemeinsame, stimmige Grundüberzeugung hervor, die auch unterschiedlichen rationalen Entscheidungskriterien standhält.

Vorgehensweise

1. Präsentation einer Option durch die jeweilige Optionsgruppe.
2. Erste Resonanzen auf das dargestellte Zukunftsbild durch die übrigen Teilnehmer der Foresight-Klausur (in »Buzz Groups«, »Murmel- oder Resonanzgruppen« aus etwa drei Personen, vorgedacht):
   - emotionale Resonanz,
   - inhaltliche Resonanzen und kritische Punkte, die zu diskutieren sind,
   - Folgen für das Unternehmen, die Region, Bevölkerung, Branche, Kommune etc.,
   - Feedback an die Optionsgruppe hinsichtlich der Ergebnisse.
3. Präsentation der übrigen Optionen und Sammeln der jeweiligen Resonanzen nach dem in Schritt 2 skizzierten Prozedere.
4. Erstes Rating aller präsentierten Optionen:
   Beispiele für Bewertungskriterien:
   - subjektive emotionale Attraktivität,
   - wirtschaftliche Attraktivität,
   - Wachstumspotenzial,
   - ökologische Sinnhaftigkeit,
   - vorhandene Kernkompetenzen,
   - Investitionsrisiko,
   - Kompatibilität mit der politischen Ausrichtung,
   - Ausmaß der erforderlichen Veränderung,
   - vermutete Akzeptanz bei den Mitarbeitern, der Bevölkerung etc.

   Da hier weniger eine scheingenaue Abstimmung durchgeführt, sondern eher ein erstes Stimmungsbild des Kernteams oder des Stakeholder-Forums sichtbar werden soll, stellen wir die Optionen auf einer Pinnwand gerne den fallspezifischen Beurteilungskriterien gegenüber und visualisieren die Einschätzungen der Teilnehmer mit farbigen Moderationspunkten (hoch – neutral – niedrig/kritisch).
5. Verdichtung der Gemeinsamkeiten und Unterschiede:
   Hierfür empfiehlt es sich, die ursprünglichen Optionsgruppen neu zusammenzustellen, damit in beiden Gruppen alle Aspekte

der Zwischenarbeiten personell vertreten sind. Aufgabe: Erörterung aller Optionen und insbesondere des Ergebnisses des gemeinsamen Ratings. Zusammenfassung der Debatte:
- Wo sehen wir einen gemeinsamen Nenner?
- Welche Optionen oder Strategieansätze sollen eher nicht weiterverfolgt werden?
- Wo liegen substanzielle Konfliktpunkte, die vor einer endgültigen Festlegung besprochen werden müssen?
Präsentation der visualisierten Gruppenergebnisse im Plenum.
6. Verdeutlichung der Gemeinsamkeiten und Unterschiede im Stakeholder-Forum oder Strategieteam.

Methodische Hinweise
Erforderliche Hilfsmittel sind Beamer und Leinwand für die Präsentation der entwickelten Optionen. Zusammenfassung der Optionen auf Handouts für die Teilnehmer der Rüttelstrecke; als Moderationsmaterial sind Pinnwände mit ausreichend Moderationspunkten erforderlich.

Ergebnisse des Instruments
Die »Rüttelstrecke« empfiehlt sich unmittelbar nach der Präsentation der ausgearbeiteten Optionen im Stakeholder-Forum. Dieser Evaluationsprozess bietet eine gute Grundlage für den Entscheidungsprozess.

Quellen
Nagel, R. (2009).

4.6.4 Flipchart-Tetralemma

Grundgedanke
Tetralemma bedeutet im Sanskrit »vier Ecken« im Sinne von vier Standpunkten. Das Tetralemma wurde im indischen Rechtswesen zur Kategorisierung möglicher Standpunkte genutzt, die ein Richter zu einer Streitfrage einnehmen kann. Das Tetralemma ist ein kraftvolles, allgemein verwendbares Schema zur Überwindung einer Erstarrung in festgefahrenen Diskussionen.

Mit einem Tetralemma kann man sich einer schwierigen Frage auf ungewöhnliche Weise nähern: Die Position, die im ersten

Anschein für das Richtige gehalten wird, nennt man *das Eine*. Der Gegenpol zu dieser Position nennt man *das Andere*. Damit sind die beiden ersten Ecken eines Tetralemmas benannt. Inhaltliche Auseinandersetzungen beschränken sich oft auf ein Entweder-oder und tendieren dazu, mögliche andere Positionen zu übersehen. Die dritte mögliche Position des Tetralemmas ist *Beides*. Es bezeichnet einen Aspekt, mit dem versucht wird, beide Positionen zu vereinen, was in sehr unterschiedlicher Form geschehen kann.

Die vierte Position ist *Keines von Beiden*. Aus dieser Position wird der ursprüngliche Widerspruch sozusagen in ruhiger Distanz eines veränderten Kontextes von außen betrachtet. Da sich hier die Position des Beobachters erstmals so verändert, dass neben dem *Einen* und dem *Anderen* auch der »Rest der Welt« wieder sichtbar wird, können aus dieser Position sowohl blinde Flecken wahrgenommen als auch erstmals wieder neue Fragestellungen formuliert werden, die aus dem Entweder-oder herausführen.

Die letzte Position des Tetralemmas ist die *fünfte Position*. Sie verkörpert die Fähigkeit der Organisation, über Humor und spielerische Neugierde neuartige, innovative Perspektiven durchzuspielen, die das alte Dilemma zugunsten neuartiger Fragestellungen völlig auflösen.

Vorgehensweise

Vorbereitung und Einstimmung
- Vor dem Flipchart-Tetralemma wird die strategische Fragestellung als Aufgabe formuliert. (Beispiel: Wie können eine dezentrale Entscheidung und die zentrale Förderpolitik in Zukunft gut zusammenwirken?)
- Vier Flipcharts werden in den vier Ecken des Raumes aufgestellt und mit einer Überschrift *das Eine, das Andere, Beides* und *Keines von Beiden* versehen.
- Kurze Erläuterung der fünf möglichen Positionen zur bearbeiteten strategischen Frage.
- Jeder Teilnehmer geht zu einem der vorbereiteten Flipcharts. Alle Flipcharts sollten besetzt sein. Die Personen am Flipchart sprechen miteinander und halten die wichtigsten Aspekte ihrer Fragestellung auf dem Flipchart fest.
- Die *fünfte Position* darf nicht unbesetzt sein. Ihr Auftrag ist es, genau das zu tun, was sie möchte – auch dem Moderator An-

regungen für den Verlauf oder für die Veränderung dieser Moderation zu geben.

Erste Runde (30 Minuten)
- Aufgabe: Visualisierte Darstellung der strategischen Option aus der jeweils eingenommenen Position.
- Jede Position ist mit mindestens zwei Personen besetzt.
- Die Gruppeneinteilung kann in der ersten Runde in freier Wahl nach Teilnehmerinteresse erfolgen, aber auch »gesetzt« werden, z. B. indem Personen den Positionen zugeordnet werden, die ihren Präferenzen eher nicht entsprechen.
- Bestimmung eines Gruppensprechers durch die Gruppe.

Nach der ersten Runde Interviews mit den Sprechern der fünf Gruppen (jeweils 5 Minuten pro Interview): Was sind die Charakteristika dieser Option? Worin liegt der Unterschied zum Status quo? Was ist das Attraktive? Worin liegt das Risiko? Was ist die größte Herausforderung?

Zweite Runde (20 Minuten)
- Die Gruppensprecher bleiben als Auskunftsperson bei ihrer Position. Die anderen Gruppenmitglieder können ihre Position ändern und sich einer anderen strategischen Position zuwenden, die sie besonders interessiert.
- Aufgaben: vertieftes Verstehen der Überlegungen der Vorgruppe; Verbesserung und Konkretisierung der Vorschläge, die in der ersten Runde entwickelt wurden.
- Weiterentwicklungen der Positionen werden mit anderen Farben gekennzeichnet.

Nach der zweiten Runde führt der Moderator Interviews mit den Sprechern (jeweils 5 Minuten pro Interview): Was sind die Unterschiede zu den Ergebnissen der ersten Runde? Wo wurde am intensivsten diskutiert?

Dritte Runde: Konkretisierung des Standpunkts **Beides** (60 Minuten)
- Bildung zweier Gruppen, die versuchen, die wichtigsten Überlegungen des bisherigen Prozesses in ein Beides zu integrieren,
- Benennung der Grundprinzipien der jeweiligen Alternative,

- Darstellung der wichtigsten strategischen Ausrichtungen,
- Konsequenzen für die Organisation,
- größte Herausforderung oder Veränderung im Vergleich zum Status quo,
- Argumente dafür und dagegen,
- Markierung der noch offenen Konfliktpunkte,
- Präsentation im Plenum.

Im Nachklang des Flipchart-Tetralemmas: Auftrag an Vertreter zur detaillierten Ausformulierung der jeweiligen Option.

Methodische Hinweise

Ein Flipchart-Tetralemma kann bei guter Moderation mit bis zu 30 Personen durchgeführt werden. Als zeitliche Dauer für dieses mächtige Entwicklungstool ist mit einem Dreiviertel- bis ganzen Tag zu rechnen. Zentral für den Erfolg ist die Möglichkeit, in einem großen, luftigen Tagungsraum zu arbeiten, in dem in den vier Ecken jeweils ein Flipchart aufgestellt ist. Vorbereitung von Moderationsmaterialien für die Kleingruppen.

Ergebnisse des Instruments

Wenn sich in der Diskussion der Optionen kein gemeinsames Zukunftsbild abzeichnet oder wenn sehr widersprüchliche Zukunftsbilder einander gegenüberstehen, ist das Flipchart-Tetralemma eine interessante Methodik zur Weiterentwicklung und zur Auflösung dieser Gegensätze. Nicht selten entsteht durch den intensiven Perspektivenwechsel eine ganz neue Zukunftsperspektive.

Quellen

Sparrer, I., Varga von Kibéd, M. (2000); Nagel, R. (2009).

4.6.5 Commitometer

Grundgedanke

Das Commitometer ist eine ergänzende Methode, die individuellen Einstellungen aller Anwesenden zu den entwickelten Optionen zu erörtern. Sie hilft, die Standpunkte der beteiligten Personen differenziert sichtbar zu machen. Eine Einhaltung der unten beschriebenen Schrittfolge der Bearbeitung ermöglicht es, die hinter den Optionen verborgenen Logiken und Motive transparent und besprechbar zu machen. Das Commitometer stellt fest, wie stark die Gruppenmitglieder auf ihre Option festgelegt sind (Abb. 20).

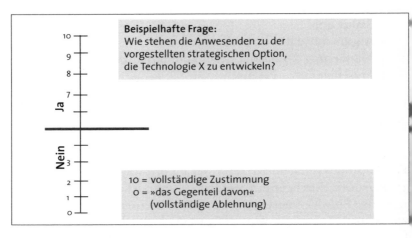

Abb. 20: Commitometer

Vorgehensweise

1. Findung einer individuellen Position: Jeder Teilnehmer notiert seinen eigenen Wert auf einem Blatt Papier. Dieser Schritt ermöglicht es jedem Einzelnen, sich über seine Position klar zu werden, bevor die Positionen der anderen bekannt gemacht werden.

2. Veröffentlichung der Positionen: Reihum nennen die Gruppenmitglieder ihre Werte. Diese werden auf dem Commitometer namentlich mit einer runden Moderationskarte markiert. Erst nachdem alle ihre Werte veröffentlicht haben, folgt die Kommentierung der jeweiligen individuellen Position. Das Commitometer hilft dabei, die Unterschiede zwischen den Entscheidern sichtbar und besprechbar zu machen.

3. Diskussion der Standpunkte und Suche nach gangbaren Lösungen: Jene Personen, die der Option kritisch gegenüberstehen, werden eingeladen zu überprüfen, was benötigt wird, um auf den Wert »6« kommen zu können? Was müsste dazu vorher geklärt sein? Die Erfahrung zeigt, dass diese Fragen den weiteren Bearbeitungsprozess sehr lösungsorientiert beeinflussen. Denn die Antworten führen oft direkt in eine Verhandlung und damit

in Umsetzungsüberlegungen oder einer Neukombination der gestellten Entscheidungsfrage.

4. Diskussion der nächsten strategischen Option oder Alternative.

Methodische Hinweise

Die Teilnehmerzahl für eine sinnvolle Anwendung des Commitometers ist auf 18 Personen begrenzt. Als Zeitrahmen ist mit zwei bis vier Stunden zu rechnen – je nach Anzahl der zu bewertenden Optionen. Als Hilfsmittel sind eine Pinnwand, Stifte und Teilnehmer-Handouts der zu bewertenden Optionen vorzusehen.

Ergebnisse des Instruments

Diese Methode ist besonders bei konfliktträchtigen Entscheidungsprozessen in einem Arbeitsteam gut geeignet. Die strukturierte Thematisierung hilft, niemanden als Verlierer im Raum stehen zu lassen. Die Methode ist auch gut zur Vorbereitung eines Entscheidungsprozesses geeignet: Ohne Druck kann ein erstes Stimmungsbild bezüglich wichtiger Prämissen oder Hintergrundüberlegungen sichtbar werden.

Durch die Möglichkeit einer differenzierten Zustimmung – der Grad kann zwischen sechs und zehn variieren – kann der Energiepegel der Beteiligten abgeschätzt werden. Stehen die Entscheider »mit halben Herzen« hinter einer Option oder mobilisiert diese einen Energieschub? Letztlich ist das Commitometer auch dazu geeignet, unterschiedliche strategische Alternativen zu erörtern. Mit seiner Hilfe können die möglichen Alternativen leichter thematisiert und jede für sich zunächst relativ emotionsarm betrachtet und eingeschätzt werden. Indem jede Alternative zunächst isoliert mithilfe des Instruments »bewertet« wird, engt sich im Laufe des Prozesses in der Regel die Zahl jener Optionen ein, deren Weiterverfolgung lohnt. Auf diese Weise kann der Entscheidungsfindungsprozess deutlich verkürzt werden.

Quellen

Eigenentwicklung Carmann, M., Schulte-Derne, M., 2010, Nagel, R. 2013.

4.6.6 Entscheidungsmodellierung (Decision Modeling)

Grundgedanke

Das Modellieren von Entscheidungen ist eine wichtige Methode, um Entscheidungsfindungs- und Strategieentwicklungsprozesse zu unterstützen. Die Technik basiert auf der Nutzentheorie. Diese besagt, dass man den Nutzen eines Produkts oder einer Dienstleistung nie absolut messen kann. Stattdessen ist es möglich, eine Reihenfolge zwischen den einzelnen Angeboten in Bezug auf wahrscheinliche Kundenwünsche festzulegen. Gemäß der Nutzentheorie wählen rationale Entscheidungsträger jene alternativen Produkte, Politikmaßnahmen oder Aktionen aus, die am besten ihre Erwartungen erfüllen. In Entscheidungsmodellen werden konkurrierende Optionen gegeneinander abgewogen.

Entscheidungsmodellierung wird oft als Methode der Strategieentwicklung genutzt, um anstehende strategische Entscheidungen zu analysieren sowie essenzielle Aspekte für komplexe strategische Entscheidungen zu berücksichtigen. Bei komplexen Entscheidungen, die viele Menschen langfristig betreffen, sorgt eine Nutzen-Matrix für Transparenz. Diese erfordert adäquate Entscheidungskriterien hinsichtlich möglicher künftiger Risiken.

Ergänzend dazu bietet eine Modellierung von Entscheidungsproblemen ein konkretes Werkzeug, subjektive Urteile nachvollziehbar zu überprüfen. Decision Modeling ermöglicht Entscheidungen, wann das Fehlerrisiko am geringsten ist. Es ergänzt und bereichert traditionelle Entscheidungsfindungsprozesse, indem es Praktikern ermöglicht, ein Problem wiederholt mithilfe einer methodischen Analyse zu durchdenken.

Vorgehensweise
1. Formulieren des Modelltyps,
2. Auflistung der Entscheidungskriterien und Festlegen der Regeln zur Alternativenbewertung,
3. Abwägen der relativen Wichtigkeit der Alternativen in Bezug auf jedes Entscheidungskriterium,
4. Einschätzung, in welchem Ausmaß die Alternativen die Kriterien erfüllen.

Methodische Hinweise

Michel Godet (1991) hat die Entscheidungsmodellierung durch eine MULTIPOL-Methode ergänzt, die alternative zukünftige Umwelten im Vergleich zu meist einwertigen Zukunftsbildern der meisten Entscheidungen annimmt. Godet hat diese Perspektive durch Anpassung der Entscheidungsgewichte in Bezug auf Foresight-Entscheidungen implementiert.

Beim Autokauf würde z. B. das Kriterium des geringen künftigen Treibstoffverbrauchs in einer Welt mit geringen Energieressourcen eine größere Bedeutung erhalten als in einer Zukunft mit beinahe unbegrenzten Energieressourcen. Diese Flexibilität ermöglicht die Diskussion über relative Vorteile unterschiedlicher Politiken und Strategien über ein Spektrum alternativer Zukünfte.

Ergebnis des Instruments

Mit der Entscheidungsmodellierung können Entscheidungsoptionen und Politikmaßnahmen in Bezug auf den größtmöglichen Stakeholder-Nutzen analysiert und dargestellt werden.

Typische Anwendungsfelder im Foresight-Kontext

Ein adäquates Verständnis von Entscheidungsprozessen ist substanziell, da die einmal getroffenen Entscheidungen für viele Menschen langfristige Auswirkungen haben.

Die Technik der Entscheidungsmodellierung kann für normative Analysen vieler Kontexte genutzt werden. Innerhalb von Foresight kann sie für das Assessment von Risiken und Belohnungsstrukturen, für die Strategieevaluierung, für Politikmaßnahmen und Technologieentscheidungen genutzt werden.

Quellen:

Godet, M. (1991); Glenn, J., Gordon, T. J. (2002); Jackson, M. (2011); Reagan-Cirincione, P., Schuman, S., Richardson, G. P., Dorf, S. A. (1991); Saaty, T. L. (1990).

4.6.7 Delegiertenkonferenz

Grundgedanke

Die Delegiertenkonferenz ist eine Methode zur Entscheidungsfindung in großen Gruppen. Sie weist starke Ähnlichkeiten zum sog.

Fishbowl auf. Bei beiden Methoden gibt es einen Innen- und Außenkreis. Während beim Fishbowl alle Teilnehmer des Innenkreises wechseln können, bleiben in der Delegiertenkonferenz die Teilnehmer als Vertreter einer »Position« gleich. Ein *Open Chair* ermöglicht es den Teilnehmern aus dem Außenkreis, sich aktiv in den Diskussions- und Entscheidungsfindungsprozess einzuschalten (Abb. 21). Beide Methoden sind im Rahmen von Trainingsgruppen bzw. Organisationslaboratorien der Gruppendynamik (Österreichische Gesellschaft für Gruppendynamik und Organisationsberatung, ÖGGO) entstanden.

Der Hauptvorteil der Delegiertenkonferenz besteht darin, dass die Diskussionsrunde überschaubarer bleibt, da immer nur wenige Teilnehmer gleichzeitig diskutieren können.

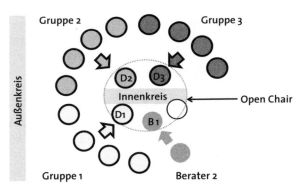

Abb. 21: Delegiertenkonferenz (D = Delegierter, B = Berater)

Durch das Einrichten eines Open Chair können Mitglieder, die sonst nicht zu Wort kommen würden, rasch in den Innenkreis wechseln und dort ihre Meinung äußern. Will ein Teilnehmer nur zuhören und lernen, kann er einfach im Außenkreis bleiben.

Vorgehensweise
Der Delegiertenkonferenz gehen normalerweise Arbeitsgruppen zu bestimmten Fragestellungen voraus. Die Delegiertenkonferenz ermöglicht nicht nur einen raschen Überblick über die erzielten Ergebnisse, sondern auch deren dialogische Weiterentwicklung in Richtung einer thematischen Verdichtung, Priorisierung und Entscheidungsfindung aller beteiligten Teilnehmer/Stakeholder.

1. Die Vertreter einer »Position« (inhaltliches Ergebnis, Interessensperspektive etc.) werden eingeladen, sich in den inneren Kreis zu setzen.

2. Der Berater richtet den »Open Chair« ein und erklärt, wie dieser von den außen sitzenden Beobachtern und Zuhörern genutzt werden kann: Will ein Teilnehmer ein Statement abgeben oder ein für die Entscheidungsfindung wichtiges Argument ergänzen, dann steht er auf und setzt sich in den Innenkreis. Nach Aufforderung durch den Moderator bringt er sein Argument ein, steht wieder auf und verlässt den Innenkreis.

3. Der Verdichtungs- und Entscheidungsfindungsprozess im Innenkreis wird vom Projektkoordinator oder Berater mithilfe vorbereiteter Fragestellungen moderiert. Die Antworten werden von einem zweiten Berater oder einem Mitglied des Projektkonsortiums auf einem Flipchart für alle sichtbar visualisiert.

4. Ist das angezielte Ergebnis erreicht, fasst der Projektkoordinator oder Berater das Resümee für alle zusammen und legt offen, in welchen Schritten und in welcher Weise das Ergebnis in den weiteren Prozess aufgenommen wird.

Methodische Hinweise

Wichtig ist, dass jeder »Delegierte« im Innenkreis von seiner Arbeitsgruppe entsandt wurde. Ist das nicht der Fall und agiert ein Delegierter primär mit eigenen Interessen, dann werden seine Wortmeldungen laufend durch Kommentare seiner Gruppenkollegen korrigiert, die dafür den Open Chair nutzen können. Dadurch kann eine gute Balance aller Interessen und Perspektiven im Entscheidungsfindungsprozess gewahrt werden.

Wichtig ist daher, dass jeder Teilnehmer nach dem Platzieren seines Arguments aufgefordert wird, den Open Chair wieder freizugeben, damit dieser Prozess des Ergänzens und Korrigierens bis zu einem von allen weitgehend akzeptierten Ergebnis laufen kann.

Ergebnis des Instruments

Die Delegiertenkonferenz ermöglicht, Meinungstrends in einer Großgruppe strukturiert zu erörtern.

Typische Anwendungsfelder im Foresight-Kontext

Die Delegiertenkonferenz wird oft zum Verdichten von Themen und Fragestellungen genutzt, wodurch die erzielten Ergebnisse und Übereinstimmungen in nächste Schritte des Foresight-Prozesses mitgenommen werden können.

4.6.8 Ergebnisgalerie

Grundgedanke

Die Ergebnisgalerie baut auf vorausgehende Gruppen- bzw. Expertenarbeiten auf. Ziel der Ergebnisgalerie ist es, vielen Personen in kurzer Zeit viele Informationen vorzustellen. Die dabei erreichte Weiterentwicklung des Ergebnisses ähnelt dem Effekt von Brainwriting. Der Unterschied besteht im dialogischen Verfahren der Ergebnisgalerie.

Vorgehensweise

1. Die einzelnen Gruppen werden gebeten, ihre Ergebnisse innerhalb von »Marktplatzkojen« in Plakatform aufzuhängen.
2. Ein Gruppenmitglied bleibt als Vertreter der Gruppe, die das Ergebnis erzielt hat, beim Plakat und empfängt die Besucher der Ergebnisgalerie.
3. Die Teilnehmer haben die Möglichkeit, sich in jeweils 10 Minuten bei den einzelnen Ergebniskojen einen Überblick zu den vorliegenden Ergebnissen zu verschaffen: In jeder Koje ist ein Mitautor des Ergebnisses, der die Teilnehmer kurz einführt und sich ihren kritischen Fragen stellt.
4. Der Autor notiert sich Anregungen und Ergänzungen auf Haftnotizen und klebt diese auf sein »Ergebnisplakat«. Auf diese Weise entwickelt sich das ursprüngliche Ergebnis mit jeder Runde weiter und wird dabei inhaltlich ergänzt und komplettiert.
5. Abgeschlossen wird die Ergebnisgalerie durch ein Plenum, in dem jeder »Aussteller« pro Ergebniskoje die wesentlichsten Ergänzungen zusammenfasst und sich für die Hinweise bedankt.
6. Sind weitere Schritte der Priorisierung und Entscheidungsfindung notwendig, dann werden die »Aussteller« in eine Delegiertenkonferenz eingeladen.
7. Das Ergebnis wird von einem Projektteam schriftlich zusammengefasst.

Methodische Erfahrungen

Die Methode ist klar und einfach. Der Vorteil gegenüber Frontalpräsentationen liegt in der Beteiligung der einzelnen Teilnehmer bei gleichzeitiger Ergänzung der vorgestellten Inhalte.

Ergebnis des Instruments

Vorbereitete Inhalte werden aus der Perspektive aller Teilnehmer interaktiv vorgestellt und von den Stakeholdern kommentiert und ergänzt.

Typische Anwendungsfelder im Foresight-Kontext

Ergebnisgalerien werden oft für Assessments und Ergänzungen von Gruppenarbeiten (z. B. Portfolioanalysen; Vorstellen und Ergänzen von Story Lines; Experteninputs zu bestimmten Themen) und als Plausibilitätscheck von Experteninputs eingesetzt.

Quellen

Wilhelmer, D. (2012).

4.7 Ableitung von Handlungsempfehlungen und Vereinbarungen

4.7.1 Technologie-Roadmap

Grundgedanke

Roadmap ist ein populäres Synonym für einen Projektplan. Aus dem Englischen übersetzt bedeutet der Begriff »Straßenkarte«. Er wird in verschiedensten Forschungs- und Entwicklungsbereichen verwendet. Beispielhaft seien Produkt-Roadmaps, Technologie-Roadmaps, Forschungs-Roadmaps und Branchen-Roadmaps genannt. Kennzeichnend für die Roadmap ist die nur grobe Planung der auszuführenden Schritte über einen längeren Zeitraum. Eine Roadmap dient dazu, langfristige Projekte in leichter zu bewältigende Einzelschritte zu strukturieren.

Technologie-Roadmaps stimmen lang- und kurzfristige Ziele innerhalb eines Entwicklungspfades spezifischer Technologien miteinander ab. Im Mittelpunkt einer Technologie-Roadmap stehen die zentralen Treiber des Wandels im betrachteten Entwicklungsfeld.

Vorgehensweise

1. Aufsetzung des Rahmens und Abgrenzen des vorläufigen Aktionsraumes.
2. Entwicklung der Inhalte der Roadmap:

- Festlegung des Produkts oder des technologischen Feldes, auf das fokussiert werden soll,
- Identifikation kritischer Anforderungen und Ziele,
- Spezifikation vorrangiger Technologiefelder,
- Identifikation technologischer Alternativen und ihrer wahrscheinlichen Entwicklungszeitverläufe,
- Empfehlung technologischer Alternativen, die weiterverfolgt werden sollen,
- Integration der Ergebnisse in einer Roadmap als Form der Berichtslegung.

Ergebnis des Instruments
Die Entwicklung einer Roadmap hat drei wichtige Vorteile:

- Sie schafft einen Konsens über die künftigen Entwicklungsschwerpunkte.
- Sie legt den Entwicklungspfad konkreter Technologien fest (Forecast).
- Sie erleichtert die Planung und Koordination der Technologieentwicklung in den Phasen der Grundlagen- und angewandten Forschung.

Methodische Hinweise und Ergänzungen
Für die erfolgreiche Formulierung einer Technologie-Roadmap ist die klare Festlegung des Geltungsbereichs und der entsprechenden Grenzen besonders wichtig.

Eine mögliche Verfeinerung bei der Entwicklung von Raodmaps ist die Technologiesequenzanalyse: Diese Methode integriert eine statistische Kombination von erwarteten Zeithorizonten zur Umsetzung konkreter Schritte der Technologieentwicklung. Während einzelne langfristige Entwicklungspfade mithilfe der Roadmap-Technik identifiziert werden können, zeigt die Technologiesequenzanalyse ergänzend dazu Zeithorizonte für alternative Entwicklungspfade auf. Sie wird gerne zur Vorhersage unterschiedlicher voneinander abhängiger Zeitabstände für einzelne Schritte in der Technologieentwicklung genutzt.

Typische Anwendungsfelder im Foresight-Kontext
Roadmaps sind eine Planungs- und Forecasting-Technik. Die Entwicklung von Technologie-Roadmaps hat in den letzten Jahren zu-

genommen. Im Zuge der Methodenentwicklung wurde das Technologie-Raodmapping (TRM) verstärkt von Unternehmensnetzwerken und -clustern sowie Industriesektoren praktiziert. Durch eine Aufteilung und Abgrenzung der F&E-Kosten und -Risiken können Doppelgleisigkeiten reduziert werden. Diese Abstimmung ermöglicht es, dass Technologien abgestimmt entwickelt werden und dadurch gleichzeitig die sektorale Wettbewerbsfähigkeit der beteiligten Industriepartner gesteigert wird.

Technologie-Roadmapping wird in der Industrie als Instrument der strategischen Planung und Kommunikation genutzt. Sie ermöglicht die Entwicklung, Koordination und Präsentation von kritischen Meilensteinen der Technologieentwicklung.

Im Rahmen von Foresight werden Technologie-Roadmappings für das Forecasting der Entwicklung »transdisziplinärer Hightechziele« entwickelt, die auf die Kooperation einer Vielzahl von Partnern angewiesen ist.

In letzter Zeit haben unterschiedliche Forschungsunternehmen und Think-Tanks große Anstrengungen unternommen, diese Methode in der Politikberatung zu nutzen. Gerade in sich sehr schnell entwickelnden Forschungsfeldern hilft sie, die Bündelung und Abstimmung öffentlicher F&E-Investments zu erleichtern und dadurch deren gesellschaftliche Relevanz zu steigern.

Quellen:

Garcia, M. L., Bray, O. H. (1997); Kappel, T. A. (2001); Phaal, R., Farrukh, C., Probert, D. (2001).

4.7.2 Wild Cards

Grundgedanke

Wild Cards sind unwahrscheinliche Ereignisse mit großer Auswirkung. Sie können – müssen aber nicht – von »weak signals« angekündigt werden. Schwache Signale sind noch unklare und fragmentierte Daten, die auf mögliche Ereignisse mit großer Auswirkung hinweisen können.

Die Wild-Card-Methode ist ein Standardinstrument im Foresight-Prozess. Sie dient dazu, den Umgang sozialer Systeme mit unvorhersehbaren Schocks und überraschenden Ereignissen zu simulieren.

Vorgehensweise

Wild Cards können über Brainstorming oder über eine systematische Analyse definiert werden:

1. Suche nach unerwarteten Ereignissen, die ein System in eine extrem instabile bzw. prekäre Situation bringen könnten.
2. Identifikation und Festlegung von möglichen Wild Cards, die die negativsten Auswirkungen auf die untersuchte Organisation (bzw. auf das System) haben könnten.
3. Klassifizierung der Wild Cards:
   - Typ I: geringe Eintrittswahrscheinlichkeit, starke Auswirkung, leicht vorhersagbar.
   - Typ II: hohe Eintrittswahrscheinlichkeit, starke Auswirkung, schwer vorhersagbar.
   - Typ III: hohe Eintrittswahrscheinlichkeit, starke Auswirkung, mit strittigen Voraussagen.
4. Festlegen von Notfall- bzw. Vermeidungsplänen für die ausgewählten Wild-Card-Situationen, die im Eintrittsfall rasch umgesetzt werden könnten.

Methodische Hinweise

Wild Cards werden von kleineren Gruppen zwischen fünf bis acht Personen entwickelt. Stimulierend für die Suche nach Wild Cards kann eine Trendanalyse zur Sensibilisierung sein. Oft werden bereits vorhandene Wild-Card-Listen vorgestellt, um damit Ideen zu streuen und einen Impuls für das Brainstorming weiterer Wild Cards zu setzen. Auch hier kann ein World-Café-Setting (Abschn. 4.8) dafür genutzt werden, Trends in Bezug auf wahrscheinliche und »gefährliche« Wild Cards zu identifizieren.

Ergebnis des Instruments

Resultat ist eine Liste von Wild Cards, mit deren Hilfe Szenarien oder Roadmaps hinsichtlich ihrer Plausibilität und Robustheit überprüft werden können.

Typische Anwendungsfelder im Foresight-Kontext

Die Wild-Card-Methode wird am häufigsten bei der Szenarienentwicklung oder beim Entwickeln strategischer Leitthemen für Roadmaps eingesetzt. Wild Cards sind keine eigenständige Methode, die isoliert eingesetzt werden kann.

Üblicherweise wird die Wild-Card-Methode dafür eingesetzt, Gefahren zu erkennen und zu bewerten. Paradoxes Fragen danach, was passieren muss, damit die Szenarien kippen, hilft sehr, um für solche Situationen vorzeitig Notfallpläne zu entwickeln.

Quellen:
Petersen, J. L. (1997); Notten, P., Sleegers, A. M., Asselt, M. (2005); Barber, M. P. (2006).

4.7.3 Open Space

Grundgedanke
Laut Harrison Owen entstand diese Methode auf einer internationalen Konferenz, die er Anfang der 1980er Jahre mit viel Einsatz vorbereitet hatte. Die Teilnehmer lobten anschließend die aufwendige Organisation. Begeistert zeigten sich die Teilnehmer allerdings vor allem von den informellen Gesprächen in den Kaffeepausen, weil sie hier frei und effektiv über ihre Fragestellungen diskutieren konnten.

Angeregt von diesen Rückmeldungen entwickelte Owen in den 1980er Jahren die Konferenzmethode »Open Space«. In seiner klassischen Form ist Open Space ein zweieinhalbtägiger Prozess zur Strukturierung einer Konferenz. Das Kernstück von Open Space ist das Prinzip der gelebten »Leidenschaft« und »Verantwortung«, unterstützt vom »Gesetz der zwei Füße« (Owen 2001): »Jeder hat die Verpflichtung, für sich zu überprüfen, ob er in dem Workshop, in dem er sich gerade befindet, etwas lernen oder etwas beitragen kann. Wenn nicht, ehrt er die Gruppe, indem er sie verlässt.« Diese simple Regel trägt enorm zur Steigerung von Selbstverantwortung und Engagement der Teilnehmer bei.

Ob jemand Informationen gibt oder empfängt, engagiert ist oder sich langweilt, etwas lernt oder nichts lernt – jeder trägt dafür selbst die Verantwortung. Dieses Prinzip der absoluten Selbstverantwortung für das, was man gibt oder bekommt, was man glaubt oder nicht glaubt, was man annimmt oder hinterfragt, schafft eine Balance zwischen Struktur bzw. Verlässlichkeit einerseits und einem hohen Maß an Freiheit andererseits.

Als Konferenzmethode konzipiert, hat sie ein besonders hohes Potenzial zur Veränderung und Mobilisierung sozialer Systeme. Open Space eignet sich für große Gruppen und Organisationen, in denen eine komplexe Problemstellung oder ein Handlungsdruck bewältigt werden müssen und die das Engagement jedes Einzelnen erfordern. Je unüberschaubarer die Mannigfaltigkeit der Fragen und Interessen der Teilnehmer, desto empfehlenswerter ist das Open-Space-Format.

Voraussetzungen

- Ein packendes und herausforderndes Thema, das die Teilnehmer bewegt,
- klare, transparente Vorgaben und Rahmenbedingungen,
- vielfältige Teilnehmer(-Perspektiven), die in der Großgruppe abgebildet sind,
- eine freiwillige Teilnahme,
- große Komplexität des Themas,
- ein Konfliktpotenzial sowie
- Zeitdruck bei der Problemlösung.

Vorgehensweise

Ein Open Space beginnt und endet immer in einem Kreis: Der Leiter des Open Space (er)öffnet rituell den Kommunikationsraum. Dem Kreis kommt dabei symbolisch eine große Bedeutung zu: Jeder Platz im Kreis ist gleich wichtig – jeder Teilnehmer erhält gleich viel Aufmerksamkeit. Der Innenraum ist ein geschützter Raum: Alle Kreismitglieder garantieren gemeinsam die Sicherheit dessen, der sich im Kreis befindet und sein Thema vorstellt.

1. Ein Open Space beginnt damit, dass jeder, der ein Thema besprechen möchte – sei es, dass er Informationen geben will, sucht oder beides –, sein Thema auf ein großes Blatt Papier schreibt, im Kreis aller Teilnehmer kurz vorstellt und sich dann den von ihm gewünschten Zeitraum und Ort für die Problemlösung mit den Personen, die sich aktiv zu seiner Themengruppen »anmelden«, aussucht.

2. Damit wird zu Beginn der Veranstaltung gemeinsam der »Kalender« der Open-Space-Konferenz erstellt: Horizontal werden auf einer »Kalenderwand« oder Pinnwand die pro Tag zur Verfügung stehenden Zeiten (in der Regel 1,5 Stunden für jedes Thema) und die zur Verfügung stehenden Räume aufgelistet. Vertikal finden sich in Spalten die einzelnen Tage. In die Felder dieses »Konferenzkalenders« hängen die Initiatoren ihre Themenblätter auf.

3. Marktplatz der Themengruppen: Versiegt der Strom der Themeninitiatoren, dann suchen sich die Teilnehmer an den Tafeln die Themen aus, die sie interessieren und suchen die jeweils zugeordneten Räume auf. Mit der ersten Themenrunde von 90 Minuten beginnt der Open Space.
4. Dokumentation der Gruppenergebnisse: Die Initiatoren fassen die Ergebnisse pro Themenrunde auf vorbereiteten »Formblättern« zusammen. Für diese Dokumentation können die Laptops, die vor Beginn der Veranstaltung auf einer Seite des Raumes vorbereitet wurden, genutzt werden.
5. Abend- und Morgennachrichten: Abends und morgens kommt das Plenum für jeweils eine halbe Stunde zusammen, um auszutauschen, was alle wissen sollten. Dazu gehören Organisatorisches, Erkenntnisse und Stimmungen, Ankündigungen, Ernstes und Heiteres, was immer »dran ist«.

Zeitliche Grundstruktur
Wird ein Open Space auf einen Tag beschränkt, ermöglicht das das Sammeln relevanter Themen und erster Lösungsideen. Dauert ein Open Space zwei Tage, dann sind erste Planungsschritte für die Umsetzung bereits andenkbar. Die Dauer von drei Tagen ermöglicht nicht nur das Einsammeln von Ideen und Erarbeiten von Konzepten. Der Mehrwert liegt hier im Vereinbaren konkreter Umsetzungsmaßnahmen für die einzelnen Themen:

- 1. Tag: Aufsetzen und erster Austausch,
- 2. Tag: viele Lösungsideen,
- 3. Tag: Priorisieren und Umsetzung planen.

Methodische Prinzipien
Vier Prinzipien des Open Space:

- *Whoever comes are the right people!* Wer auch immer kommt, es sind die richtigen Leute!
- *Whatever happens is the only thing that could have!* Was auch immer geschieht, es ist okay!
- *Whenever it starts is the right time!* Es beginnt, wenn es beginnt!
- *When it's over, it's over!* Vorbei ist vorbei!

Die Anwendung des »Gesetzes der zwei Füße« ermöglicht verschiedene Arten der Teilnahme:

- »Hummeln« gehen von Gruppe zu Gruppe, schnappen etwas auf und geben es weiter, sodass die Gruppen untereinander »befruchtet« werden.
- »Schmetterlinge« gehen nicht in Gruppen, sondern bleiben im Café, an der Bar, am Pool in der Sonne sitzen. Sie kreieren eine Atmosphäre der Zufälligkeit, der Lust – in dieser informellen Atmosphäre entstehen oft ungewöhnliche Informationen.

Ein Open Space kann zwischen 10 und 2000 Teilnehmer umfassen.

Ergebnis des Instruments
Open Space ermöglicht effektives Arbeiten bei gleichzeitiger hoher Vielfalt und intensiver Kommunikation in Kleingruppen. Die Methode wirkt gemeinschaftsstiftend: Konflikte und Vorurteile treten in den Hintergrund. Stattdessen zählen Eigeninitiative und Beiträge zu Lösungen. Die rasche Sichtbarkeit konkreter Ergebnisse (Ausdruck der Gruppendokumentationen) macht vorhandenes Wissen und Potenziale sichtbar und wirkt als positives Feedback. Dies erhöht die Energie und Bereitschaft zur Zusammenarbeit. Initiative und Mut und Selbstverantwortung werden als vorrangige Werte er- und gelebt.

Typische Anwendungsfelder im Foresight-Kontext
Im Rahmen des Foresight können Elemente der Open-Space-Methode immer dann eingesetzt werden, wenn in kurzer Zeit viele Informationen fließen oder die Kreativität der Anwesenden optimal genutzt werden soll. Hilfreich wirken Elemente dieser Methode auch beim Entwickeln von Roadmaps und Aktionsplänen.

Quellen
Owen, H. (2001); Seliger, R. (2008).

4.8 Umsetzung der Ergebnisse

Grundgedanke des World Café
Das World Café ist eine Methode, die Anfang der 1990er Jahre von den amerikanischen Beratern David Isaacs und Juanita Brown eher

zufällig erfunden und danach verfeinert und weiterentwickelt wurde. Sie eignet sich für die Arbeit mit 12 bis 1600 Personen.

Das World Café ist eine leicht handhabbare Methode und wird zur Bearbeitung von Fragen eingesetzt, die für Organisationen oder Gemeinschaften wichtig sind. In einem Setting von vielen kleinen Kaffeehaustischen in einem Raum wird ein Netzwerk von Dialogen ermöglicht, die durch Tischwechsel der Teilnehmer immer neu verknüpft und zuletzt in einem Verdichtungsschritt inhaltlich zusammengeführt werden.

Vorgehensweise
Der Ablauf eines World Cafés ist einfach und flexibel. Es erfordert mindestens eineinhalb bis zwei Stunden – inklusive der gemeinsamen Verdichtung der Ergebnisse. In der Minimalform werden drei Gesprächsrunden von 20 bis 30 Minuten durchgeführt, die jeweils einen unterschiedlichen Verlauf haben können. Runde 1 dient der Fokussierung auf das Thema, Runde 2 der Vertiefung und der Herstellung von Zusammenhängen, Runde 3 dem Blick nach vorne. Jede Runde wird mit wenigen Fragestellungen eingeleitet. Bei Bedarf können auch mehrere oder längere Gesprächsrunden durchgeführt werden.

1. Gruppen von vier oder fünf Personen sitzen im ganzen Raum verteilt an Kaffeehaustischen oder in kleinen Sesselkreisen.
2. Jede Gruppe sucht nach Fragen oder strittigen Punkten, die für das Leben, die Arbeit oder die Gemeinschaft bedeutsam sind.
3. Die Teilnehmer werden ermutigt, einander zuzuhören und auf die Tischtücher aus Papier zu schreiben, zu kritzeln oder zu zeichnen, um ihre Ideen visuell auszudrücken.
4. Die Teilnehmer wechseln in mehreren Gesprächsrunden von Tisch zu Tisch und bringen ihre Schlüsselerkenntnisse, Themen und Fragen in neue Gespräche ein und vernetzen sie mit den bereits vorhandenen Einsichten.
5. An jedem Tisch bleiben Gastgeber sitzen, um die neuen Gäste zu empfangen.
6. Schlüsselideen oder neue Querverbindungen werden laufend auf das Tischtuch aus Papier oder auf Karten geschrieben.

Schließlich führt die gesamte Gruppe ihre Entdeckungen zusammen. Indem sich die Erkenntnisse aus den kleinen Cafégesprächen miteinander verbinden, wächst das Wissen der gesamten Großgruppe. Das Wissen wird als »Weisheit der Gesamtgruppe« wahrgenommen und wirkt anregend für die Umsetzung innovativer Handlungsoptionen.

Methodische Hinweise

Die Stärke des World Cafés besteht im einfachen, alltagsnahen Setting, in dem sich alle Teilnehmer leicht orientieren können. In zwei Stunden kann viel Dialog und Verständnis für eine Gesamtsituation, ein Thema oder für Personen entstehen.

Das World Café verlangt nach einer Fragestellung »of real meaning«. Es muss um etwas gehen, was für die Teilnehmer wirklich Bedeutung hat. Ein Cafédialog führt (noch) nicht zu Lösungsansätzen und schon gar nicht zu Vereinbarungen, sondern vorerst nur zur grundlegenden Erkenntnis der Komplexität der Fragestellung.

Ergebnis des Instruments

Wenn konkrete Maßnahmenpläne erwünscht sind, benötigt es nach dem Café weiterer Schritte. Die Methode hilft

- beim Verarbeiten von Inputs,
- beim Austausch von Wissen,
- bei der Stimulierung von innovativen Ideen und der Herausarbeitung von Handlungsmöglichkeiten,
- bei der Stimulierung authentischer Gespräche,
- bei der tiefgehenden Erforschung von relevanten Schlüsselfragen,
- bei der Vertiefung von Beziehungen sowie des Gefühls der Umsetzungsverantwortung für die erzielten Ergebnisse.

Typische Anwendungsfelder im Foresight-Kontext

Das World Café ist eine sehr oft eingesetzte Methode in Foresight-Prozessen. Sie wird verwendet, um die Teilnehmenden rasch zu vernetzen. Die Methode ist hilfreich für die Reflexion thematischer Impulsreferate und die Beantwortung von Foresight-Fragestellungen. Sie erleichtert Plausibilitätschecks von Vorschlägen und wird für die Reformulierung quantitativer Visionsentwürfe eingesetzt. Auch qualitative Visionen können mittels World Cafés entlang von strukturierenden Fragestellungen entwickelt werden.

Quellen

Brown, J., Isaacs, D., Wheatley, M. J. (2005); Königswieser, R., Keil, M. (2000); Seliger, R. (2008).

4.9 Evaluierung durch Begleitforschung

Grundgedanke

Foresight-Prozesse fungieren als Instrumente der Kontextsteuerung (Willke 2004). Sie stoßen über das Entwickeln normativer Zukunftsbilder und entsprechender Backwards-Szenarien Entscheidungsprozesse in unterschiedlichen Praxisfeldern von Industrie, Politik und Wissenschaft an.

Der Foresight-Zugang geht von der Annahme aus, dass neben der Formulierung von Zukunftsbildern auch eine Veränderung der Denk- und Handlungsmuster der beteiligten Stakeholder bewirkt wird. Um diese Annahme der Einflüsse auf den unterschiedlichen Ebenen (Person, Herkunftsorganisation, Auftraggebersystem, Foresight-System) zu überprüfen, wird Begleitforschung durchgeführt.

Vorgehensweise

1. Formulieren von Forschungsfragen;
2. Sammlung von Information zur Beantwortung der Forschungsfragen
   - über teilnehmende Beobachtung,
   - über qualitative Interviews von Stakeholdern nach jedem Prozessschritt,
   - über die quantitative Auswertung von Teilinterviewergebnissen durch eine Netzwerkanalyse,
   - über qualitative Interviews ein Jahr nach dem Ende des Foresight-Prozesses;
3. Auswertung der Ergebnisse der Begleitforschung in Bezug auf die Forschungshypothesen;
4. Ableiten von Maßnahmen zur Methodenweiterentwicklung bzw. Publikation der Forschungsergebnisse in »Ranked Journals« oder Buchbeiträgen.

Methodische Hinweise

Die Planung und Durchführung einer Begleitstudie kann die Qualität eines Foresight-Prozesses unterstützen. Denn eine begleitende Evaluation kann als Intervention zur Beschleunigung bzw. Vertiefung von Lernprozessen führen, da über regelmäßige Feedbackschleifen von Forschungsergebnissen eine Metareflexion des Gesamtsystems »Foresight-Prozess« angeregt werden kann.

Ergebnis des Instruments

Bisherige Ergebnisse der Begleitforschung reflektieren das Dilemma, dass die Auswirkungen von Interventionen auf komplexe soziale Systeme weder vorhersehbar noch exakt messbar sind. Daher ist die langfristige Wirkung auf die Denk- und Handlungsmuster der Akteure besonders wichtig.

Quellen

Wilhelmer, D. (2012).

5 Foresight in der Praxis

5.1 Die Zukunft des europäischen Langstreckenfrachtverkehrs

Das Projekt »Freightvision – Freight Transport 2050 Foresight« wurde von der Generaldirektion der Europäischen Kommission für Transport und Energie (DG TREN) initiiert und finanziert. Dabei ging es um die Entwicklung einer langfristigen Vision des europäischen Langstreckenfrachtverkehrs. Dieser Foresight-Prozess fand zwischen 2008 bis 2010 statt.

5.1.1 Ausgangssituation: Nachhaltigkeit im europäischen Langstreckenfrachtverkehr

Die Technologieentwicklung der letzten Jahrzehnte im Bereich der Logistik und Infrastruktur für den Güterverkehr war geprägt durch die wirtschaftliche Integration der Europäischen Union und der Globalisierung des Warentransports. Zentrale Ziele der Entwicklung waren, wirtschaftliches Wachstum zu ermöglichen und die Flexibilisierung im Transport zu unterstützen. Damit verbundene verkehrspolitische Zielsetzungen standen häufig im Zusammenhang mit der Verbesserung des Güter- und Verkehrsflusses und der Sicherheit des Verkehrs.

Zunehmend werden in Europa klima- und energiepolitische Herausforderungen als wesentliche Treiber zukünftiger Technologieentwicklung im Logistik- und Infrastrukturbereich wahrgenommen. Von der EU angekündigte Reduktionsziele bei Treibhausgasen von 20 % bis 2020 und von 80 % bis 2050 erhöhen den Innovationsdruck im Bereich der Logistik- und Infrastrukturtechnologie und somit auf die Technologiepolitik. Ebenso wird zunehmend eine Reduktion der Abhängigkeit von fossilen Brennstoffen als zentrales Ziel gefordert. So entstehen 72 % der verkehrsbedingten CO_2-Emissionen im Straßenverkehr, der zwischen 1990 und 2005 um 32 % zugenommen hat (EC 2008). Hieraus ergibt sich ein hoher Handlungsdruck.

Darüber hinaus gelten derzeit rund 10 % des Straßennetzes als überlastet, wobei die dadurch jährlich verursachten Kosten auf bis zu 1,5 % des Bruttoinlandsprodukts der Europäischen Union geschätzt werden (OECD & ITF 2008). Angesichts einer in manchen Prognosen erwarteten Zunahme des Güterverkehrs um 50 % zwischen 2000 und 2020 (ebd.) bestehen die politischen Hauptziele auf europäischer und nationaler Ebene darin, den Verkehr umweltverträglicher, effizienter und sicherer zu gestalten.

Zahlreiche gesetzgeberische Initiativen auf EU-Ebene (z. B. Urban Mobility Action Plan, September 2009) erkennen die zentrale Bedeutung des Güterverkehrs für eine umweltverträgliche (urbane) Mobilität. Es ist daher erklärtes Ziel, dass Stadtgebiete einerseits effiziente Anschlüsse für transeuropäische Verkehrsnetze bieten und dem Güterverkehr günstige Anbindungen für die »letzte Meile« ermöglichen sollen. Andererseits soll der Verkehr unter Umweltgesichtspunkten nachhaltig gestaltet werden.

Eine herausragende Rolle in der Bewältigung dieser Aufgaben kommt der Technologieentwicklung, insbesondere zur Schaffung intelligenter Verkehrssysteme zu. Die Forcierung der Entwicklung und Nutzung von Technologien im Verkehrsbereich steht daher im Fokus nationaler und europäischer Anstrengungen (vgl. ITS Action Plan, Telematikrahmenplan). Dies bietet neue Chancen für die Logistikindustrie und die Infrastrukturbereitsteller.

Die europäische Politik hatte in den letzten Jahren der Nachhaltigkeit zu wenig Bedeutung beigemessen. Die Vereinten Nationen (UN) definieren die Nachhaltigkeit von Entwicklungen so, dass sie sowohl die Bedürfnisse heutiger als auch künftiger Generationen ohne Einschränkung zu erfüllen haben. Zusätzlich legen sie bei der Nachhaltigkeit darauf wert, dass auch ärmere Länder und Akteursgruppen einen fairen Anteil an den verfügbaren Ressourcen erhalten. Daher achtet die EU darauf, dass ihre Maßnahmen neben der ökonomischen Rationalität auch die Kriterien zum Schutz der Umwelt sowie zum Erhalten sozialer Ausgewogenheit beachten (wie z. B. die Verfügbarkeit von Energie und gesunder Nahrung, das Sicherstellen der Gesundheitsversorgung etc.).

5.1.2 Ziele und Rahmenkonzept des Foresight-Prozesses

Basierend auf den vier Nachhaltigkeitskriterien Treibhausgasemissionen, Abhängigkeit von fossilen Treibstoffen, Verkehrsstau und Todesfälle aufgrund von Frachttransporten wurde vom Projekt Freightvision Europe 2050 (FVE 2050) die Beantwortung folgender Fragen erwartet:

- Um welchen Prozentsatz sollten die Nachhaltigkeitsziele bis 2050 reduziert werden, um einerseits die globalen Risiken zu minimieren und andererseits eine politische Akzeptanz bei der Bevölkerung zu erreichen?
- Was kann die europäische Politik tun, um diese Ziele umzusetzen?

Zielsetzungen von FVE 2050:

- Entwickelung einer qualitativen und quantitativen Vision (Reduktionsziele), die gleichermaßen ambitioniert, aber auch realistisch sein sollte.
- Erstellung eines Aktionsplans von Maßnahmenbündeln für die Transport- und Technologiepolitik.
- Dabei sollte jede Empfehlung für die Technologieentwicklung/-förderung und für politische Maßnahmen sowohl robust als auch anpassungsfähig sein.

Folgender Rahmen wurde dabei von der Europäischen Kommission vorgegeben (Abb. 22):

- Key-Treiber des Frachttransportsystems: Diese Treiber sind die Kernfaktoren, die den Wandel des Verkehrssystems beeinflussen können.
- Kerngrößen des Frachttransportsystems in Bezug auf die Nachhaltigkeitskriterien: Mit diesen für das Frachttransportsystem charakteristischen Kriterien kann der Status des Verkehrssystems am besten beschrieben werden. Unterschiedliche Aufgaben benötigen unterschiedliche Kerngrößen.
- Politikmaßnahmen mit dem Ziel, die Kerngrößen des Frachttransportsystems zu beeinflussen: Gemeint sind hier Politikmaßnahmen für das Transportsystem sowie für Technologieforschung und -entwicklung, die Politiker umsetzen können.
- Vier Nachhaltigkeitskriterien (siehe oben).

Eine Kernaufgabe von Freightvision Europe 2050 bestand daher darin, einerseits den aktuellen Status und andererseits die Entwicklungsmöglichkeiten des europäischen Transportsystems in Bezug auf die vier Nachhaltigkeitskriterien zu identifizieren.

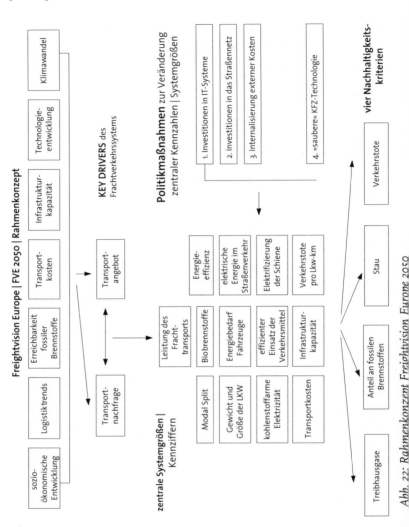

Abb. 22: *Rahmenkonzept Freightvision Europe 2050*

Zentral dabei war, die Systemgrößen und Kennziffern zu lokalisieren, die eine gezielte Intervention in das Transportsystem erfolgswahrscheinlicher erscheinen ließen, wie z. B.:

- Gesamtleistung des Frachtverkehrs in Tonnenkilometer (tkm).
- Modal Split: Verteilung auf Bahn, Straße und Wasserwege.
- Biologische Brennstoffe: steigende Emissionen durch die Produktion von Biobrennstoffen und der Anteil biologischer Brennstoffe am Gesamtreservoir vorhandener Brennstoffe.

- Motoreneffizienz aller Transportmittel auf Straße, Bahn und Schiene.
- Lkw-Gewicht und -Größe sowie Transportleistung in Bezug auf unterschiedliche Lkw-Typen.
- Energiebedarf unterschiedlicher Fahrzeuge.
- Elektrische Energie im Straßentransport: Primärenergieinput für Lkw.
- Kohlenstoffarme (Low-Carbon-)Elektrizität: steigende Emissionen aufgrund der Art der Energieproduktion.
- Effiziente Nutzung von Transportmitteln auf Straße, Bahn und Wasserwegen in Ergänzung zur Effizienz der Fahrzeuge und Motoren selbst (Leerfahrten, Art der Beladung, Fahrstil der Fahrer etc.).
- Elektrifizierung der Bahn: Prozentsatz der Tonnenkilometer auf der Schiene, die mit Elektromotoren transportiert werden.
- Transportkosten: Preis pro Fahrzeug/km.
- Infrastrukturkapazität: Durchlauf von Fahrzeugen im Straßennetzwerk.
- Todesfälle auf der Straße pro gefahrenen Lkw-Kilometer.

Dabei sollten immer auch die Wechselwirkungen der Key-Driver auf die zentralen Systemgrößen (Charakteristika), der zentralen Systemgrößen (Leitdifferenzen des Systems) auf die Nachhaltigkeitskriterien sowie der Politikmaßnahmen auf die zentralen Systemgrößen (Leitdifferenzen des Systems) berücksichtigt werden.

FVE 2050 trat an, eine qualitative und quantitative Vision, Forecasts, Szenarios sowie einen Aktionsplan zu entwickeln:

- Die *Vision* sollte Ziele für jedes der vier Nachhaltigkeitskriterien festlegen.
- Mit *Forecasts* werden mögliche Entwicklungspfade der Key-Driver in Bezug auf die vier Nachhaltigkeitskriterien modelliert.
- Die Erreichbarkeit der normativen Ziele wurde mit *Backcasting-Szenarien* sichergestellt.
- Der *Aktionsplan* für Politikmaßnahmen sollte ein Bündel an Maßnahmen festlegen, mit dessen Hilfe die Kennziffern der zentralen Systemgrößen erreicht werden sollten. Für jede einzelne Systemgröße wurde ein eigenes Maßnahmenbündel entwickelt. Dabei ging es darum, folgende Frage zu klären: Welches Maßnahmenbündel könnte zur Erreichung der im Szenario angezielten Kenngröße am meisten beitragen?

5.1.3 Architektur FVE 2050

Für das Ergebnis war besonders wichtig, die Komplexität des europäischen Systems »Langstreckenfrachtverkehr« innerhalb einer Projektorganisation gut abzubilden und für den Stakeholder-Prozess zu nutzen. Das wurde mit einer Foresight-Architektur erreicht, in der die relevanten Perspektiven Politik, Forschung, Industrie, Technologie und Zivilgesellschaft miteinander verknüpft wurden. Vor allem das klare Beschreiben und Aushandeln der Ziele und Aufgaben für die einzelnen Arbeitspakete sowie der Rollen der einzelnen Projektfunktionen und -mitarbeiter zu Beginn des Projekts erwiesen sich zentral für den Erfolg des Gesamtprojekts. Die einzelnen Elemente dieser Architektur bestanden aus dem Auftraggeber, dem Projektmanager, einem Kernteam, einem Projektkonsortium und einem Stakeholder-Board.

Diese Foresight-Architektur (Abb. 23) ermöglichte die Entwicklung eines vertrauensvollen Kreativraumes, wo Teilziele, Aufgaben und Rollen partnerschaftlich ausgehandelt werden konnten.

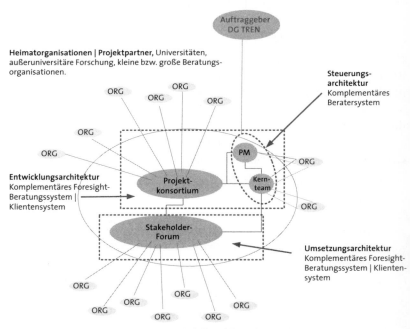

Abb. 23: Architektur Freightvision Europe 2050

Die Freightvision-Architektur umfasste die Funktionen und Ziel-gruppen:

- *Auftraggeber:* DG TREN (Generaldirektion der Europäischen Kommission für Transport und Energie),
- *Projektmanager:* AustriaTech (Gesellschaft des Bundes für technologiepolitische Maßnahmen GmbH, 100 %ige Tochter des Österreichischen Bundesministeriums für Verkehr, Innovation und Technologie [bmvit]),
- *Kernteam:* AustriaTech und Austrian Institute of Technology GmbH (AIT; größte außeruniversitäre Forschungsorganisation in Österreich); Expertise in Foresight und Organisationsentwicklung (AIT),
- *Projektkonsortium:* 13 Partner,
- *Stakeholder-Forum:* ca. 100 Stakeholder.

Freightvision-Kernteam

Die inhaltliche Aufgabe des Kernteams bestand darin, den Gesamtprozess von Foresight Freightvision 2050 durch vier Phasen zu steuern:

1. Analyse der Key-Driver des Langstreckenfrachtverkehrs,
2. Forecasting von Entwicklungen im europäischen Transportsystem in Bezug auf die Nachhaltigkeitskriterien und Entwicklung eines ersten Visionsentwurfs,
3. Identifizieren von Maßnahmen und Szenarien sowie Erheben möglicher Wild Cards,
4. endgültiges Abstimmen und Festlegen der Vision und des Maßnahmenplans.
   Komplexe Foresight-Prozesse erfordern einerseits ein klares Methodenset und andererseits eine Expertise darin, auf welche Weise Kommunikationen zwischen allen Akteuren in Bezug auf die zu erreichenden Zielsetzungen koordiniert werden.

Die Treffen im Kernteam dienten vor allem dazu, die einzelnen Stakeholder-Foren vorzubereiten und nachträglich hinsichtlich prozessrelevanter »lessons learned« auszuwerten. Die mithilfe der Stakeholder-Foren entwickelten Ergebnisse wurden zwischen den einzelnen Foren vom Projektkonsortium inhaltlich weiterentwickelt und dabei Schritt für Schritt konkretisiert. Aufgabe des Kernteams war dabei, den Gesamtprozess beim Wechselspiel zwischen inhaltlicher Projekt-arbeit und sozialem Stakeholder-Prozess im Auge zu behalten und sowohl auf der inhaltlichen als auch sozialen Prozessebene gut zu balancieren.

Im Rahmen von Kernteam-Meetings wurden auch die maßge-schneiderten Forumdesigns, Präsentationsvorbereitungen und pro-jektdienliche Fragestellungen an die europäische Stakeholder-Grup-pe von ca. 120 Teilnehmern vor- und aufbereitet. Nach den einzelnen Foren wurden »lessons learned« ausgewertet, die unmittelbar in die Weiterentwicklung von Interventionsdesigns und damit in die Ge-staltung des nachfolgenden Forums einbezogen wurden.

Damit nahm das Kernteam eine Schlüsselrolle bei der Verschrän-kung von Prozessinterventionen mit den inhaltlichen Teilergebnis-sen und damit bei der Steuerung des Gesamtprozesses ein. Von sei-ner Zusammensetzung her bestand es aus einer Projektleitung sowie zwei Experten für Foresight-Methoden und den Foresight-Prozess aus AustriaTech sowie dem Austrian Institute of Technology.

FVE war wie die meisten europäischen Projekte in Arbeitspaketen organisiert, die wiederum bestimmten Fachdisziplinen zugeordnet waren. Daher bestand eine zentrale Herausforderung für Kernteam und Projektleitung darin, die Fachdisziplinen dabei zu unterstützen, »über ihren eigenen Tellerrand hinauszuschauen und zu handeln«: Das gelang, indem Zugang und Teilergebnisse der einzelnen Diszi-plinen aus der FVE-Gesamtziele-Perspektive heraus regelmäßig kri-tisch hinterfragt und dabei Einzelschritte und -ergebnisse interdiszi-plinär vernetzt wurden.

Freightvision-Projektkonsortium

Die Zusammensetzung des Projektkonsortiums sollte einen guten Zugang zu nationalen Daten und Forecasts ermöglichen und zugleich regionales Hintergrundwissen zur Interpretation erarbeiteter Statisti-ken sicherstellen. Das Projektkonsortium umfasste 13 Organisationen aus zehn europäischen Ländern:

- AustriaTech, Wien,
- CVUT: Czech Technical University, Prag,
- DTU: Technical University of Denmark, Bygningstorvet (Fore-casting und Szenario zu Stauentwicklung im Langstrecken-frachtverkehr 2035),

- EGIS Mobilite, Lyon (Aktionsplan – Politikempfehlungen),
- ICCS: Institute of Communications and Computer Systems, Athen,
- Mobycon, Delft (Analyse: Trends in europäischer Verkehrspolitik, Politikempfehlungen),
- University of Oxford (quantitative Visionsentwicklung),
- ProgTrans AG, Basel (Forecasting: sozioökonomische Trends im Frachtverkehr),
- SYKE: Finnish Environment Institute (Suomen Ympäristökeskus), Helsinki (Forecasting: Modellieren von Langstreckenfrachtverkehr, Emissionen und Energieverbrauch),
- Tetraplan A/S, Kopenhagen (Politikempfehlungen: Infrastruktur, Regulationen etc.),
- Transver GmbH: Transport Forschung & Beratung, München (Integration aller Forecasting- und Politikmaßnahmen),
- TSB Innovationsagentur Berlin GmbH-FAV, Berlin (Technologietrends),
- WU Wirtschaftsuniversität Wien (Analyse externer Faktoren und Politikempfehlung),
- Austrian Institute of Technology, Wien (Foresight-Methode und -Prozess).

Freightvision-Stakeholder-Forum

Angesichts der sehr unterschiedlichen Interessen und Perspektiven auf die Zukunft des europäischen Frachtverkehrs war es wichtig, die »richtigen Leute« für die Mitarbeit in diesem Foresight-Prozess zu gewinnen. In diesem Falle nahmen über einen Zeitraum von eineinhalb Jahren regelmäßig zwischen 90 bis 100 Stakeholder (Abb. 24) an vier Stakeholder-Foren und einer Abschlusskonferenz teil.

Folgende europäischen Technologieplattformen (Lobbying-Plattformen) wurden zur Mitwirkung gewonnen:

- ERTRAC – European Road Transport Research Advisory Council,
- ERRAC – European Rail Research Advisory Council,
- BIOFRAC – European Biofuel Research Advisory Council,
- HFP – European Hydrogen and Fuel Cell Technology Platform.

Abb. 24: Stakeholder von Freightvision Europe 2050 im Überblick (verändert nach Helmreich et al. 2011, S. 21)

Darüber hinaus wirkten die europäischen Institutionen TRKC – Transport Research Knowledge Centre, ERA-NET – European Research Arena (Member states activities) und die DG TREN mit.

Ergänzt wurden die Technologieplattformen und Vertreter der EU-Politik (wie z. B. Officer unterschiedlicher Generaldirektionen der Europäischen Kommission) durch Unternehmen im Bereich Straße, Bahn, Schiene und Wasserwege sowie durch in diesem Thema kompetente Forschungsorganisationen.

Die meisten Stakeholder kamen aus mittel- und nordeuropäischen Ländern wie Deutschland, Österreich, Frankreich, Schweden und den Niederlanden. Südeuropa und Osteuropa waren prozentuell geringer beteiligt. Zwei Experten aus den USA mischten sich während des Prozesses unter die Europäer, um von den innovativen Ansätzen für eigene Initiativen profitieren zu können.

Das etwa hundert Personen zählende Stakeholder-Forum setzte sich aus 15 Vertretern europäischer Forschungs- und Technologieplattformen, Logistikunternehmen und Infrastrukturbetreiber (Schiene/Straße/Wasser) und 10 Vertretern aus Industrie, Handel, Frachtunternehmen und Fahrzeugindustrie zusammen. Neben dem ca. 25 Personen zählendem Projektkonsortium rekrutierten sich ca.50 Teilnehmer aus der Europäischen Kommission sowie den jeweiligen politischen Systemen der einzelnen Nationalstaaten.

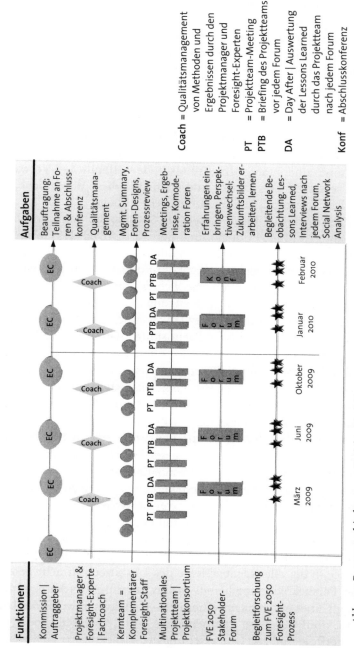

Abb. 25: Prozessarchitektur von Freightvision Europe 2050

Prozessarchitektur

Die Prozessarchitektur (Abb. 25) zeigt das Zusammenspiel der Prozess- und Inhaltsebene sowie der einzelnen Projektfunktionen im zeitlichen Ablauf. Deutlich wird hier, dass sich mit Ausnahme der reinen Expertenarbeit innerhalb der Projektarbeitspakete die Verknüpfung zwischen Fach- und Prozessorientierung als konstituierendes Prinzip durch alle Settings durchzog.

5.1.4 Fünf Hauptphasen des FVE 2050-Prozesses

Bei *Schritt 1* identifizierten Experten des Projektkonsortiums externe Faktoren und strategische Trends in den öffentlichen Verwaltungen der verschiedenen Länder und ergänzten diese durch beobachtbare Technologietrends auf der europäischen Ebene.

Im *Forum* (1) formulierten die Stakeholder dann Feedback, Ergänzungen und Priorisierung der Key-Driver des Langstreckenfrachtverkehrs. Aus den ausgewählten Key-Drivern wurden gemeinsam Story Lines wechselseitiger Wirkungskreisläufe entwickelt. Die Konsolidierung der unterschiedlichen Story Lines durch eine Delegiertenrunde führte zur Eingrenzung der Megatrends und zur Priorisierung der wichtigsten Key-Driver innerhalb der Bereiche Treibhausgasemissionen, fossile Brennstoffe, Stau und Unfall.

Schritt 2 formulierten die Experten des Projektkonsortiums auf Basis der Story Lines Rahmenszenarien. Dabei wurde ein Business-as-usual-Szenario« (»weitermachen wie bisher«) als Hintergrund für Forecasts zu den unterschiedlichen Key-Performance-Indikatoren. Ergänzend dazu formulierten Experten der Universität Oxford einen ersten Vorschlag für eine wünschenswerte quantitative Vision.

Ein Vergleich der Ergebnisse der Forecasts mit der quantitativen Vision der Universität Oxford verdeutlichte dem Projektkonsortium, dass mit vorhandenen Technologien und bisherigen Maßnahmen die quantitative Vision 2050 nicht erreicht werden kann.

Im *Forum (2)* diskutierten und ergänzten die Stakeholder die in den Forecasts aufbereiteten Trends und entwickelten in einem Kreativprozess die qualitative Vision einer wünschenswerten Zukunft 2050, in der alle Negativeffekte des Langstreckenfrachtverkehrs aus der Perspektive 2050 bereits positiv bewältigt werden konnten. Der Input eines ehrgeizigen, quantitativen Visionsentwurfs der Universität Oxford wurde im Rahmen eines World-Café-Stakeholder-Dialogs hinterfragt und zur Überraschung des Projektteams positiv bestätigt.

In der Folge wurden die einzelnen Ziele mithilfe einer Portfolio-
bewertung in lang- und mittelfristige Maßnahmen priorisiert und
untereinander abgeglichen.

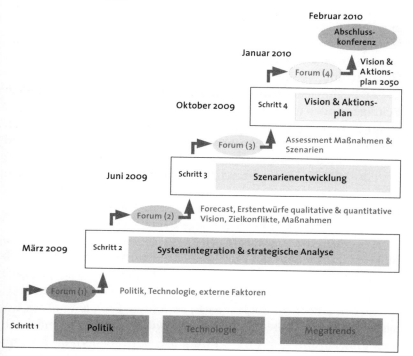

Abb. 26: Phasen von Freightvision Europe 2050 (verändert nach
Helmreich 2011, S. 9)

Im *Forum (3)* im Oktober 2009 wurde ein Plausibilitätscheck »pro-
totypischer Backwards-Szenarien« durchgeführt. In einem Stresstest
wurden die entwickelten Szenarien auf ihre Robustheit hin überprüft.
Mithilfe der Wild Cards (unwahrscheinlicher und unvorhersagbarer
Ereignisse mit großer Auswirkung) wurden die prototypischen Entwicklungsmuster der Backwards-Szenarien (2050 zu 2035 zu 2020 zu
2010) auf den Prüfstand gestellt.

In der Folge formulierten die Experten des Projektteams auf
Basis aller Zwischenergebnisse eine quantitative FVE 2050-Vision.
Ergänzend dazu wurden die notwendigen Aktionspläne und Maß-
nahmenbündel pro prototypischem Szenario konzipiert. Aus dieser

Zusammenschau der einflussreichsten Maßnahmen entstand im Projektkonsortium ein erstes »big picture« für das Gesamtprojekt.

Das *Forum (4)* im Januar 2010 diente dazu, mit der Stakeholder-Gruppe das Gesamtergebnis zu diskutieren und zu adaptieren. Die in diesem Forum simulierten einzelnen Maßnahmenbündel und Aktionspläne hinsichtlich der quantitativen Zielerreichung (Treibhausgasemissionen, fossile Brennstoffe, Stau, Unfälle) genierten viele Überraschungen und intensive Diskussionen.

Zu Beginn jedes Forums wurde offengelegt, in welcher Weise die Beiträge aus den einzelnen Stakeholder-Foren zu Weichenstellungen in der Projektarbeit geführt hatten. Ergänzend dazu wurden die Methoden, mit denen das Projektteam die Forenergebnisse zwischen den einzelnen Foren weiterentwickelt hatte, offen zur Diskussion gestellt. Mithilfe dieser über den Gesamtprozess durchgehaltenen Transparenz verstärkte sich im Laufe des Prozesses im Kreise der Stakeholder die Gewissheit, mit den eigenen Perspektiven wesentlich zur Erstellung des Gesamtbildes beigetragen zu haben.

Innerhalb der *Abschlusskonferenz* im Februar 2010 nahmen die Stakeholder, die über alle vier Foren hinweg den Prozess wesentlich mitbeeinflusst hatten, neben dem Projektteam die wichtige Aufgabe wahr, »neue« Konferenzteilnehmer durch den Gesamtprozess bis hin zu den erreichten Endresultaten zu führen: Die während des Gesamtprozesses erzielten Teilergebnisse wurden nicht nur inhaltlich vom Projektteam Schritt für Schritt präsentiert, sondern nach jedem Einzelschritt in einer Panel-Diskussion zwischen FVE-Stakeholdern hinsichtlich kontrovers geführter Diskussionen und überraschender Ergebnisse »spontan« ausgewertet. Unter anderem waren es gerade diese Stakeholder, die das Endergebnis dann gegenüber einer überraschend aggressiv auftretenden Lobbyistengruppe inhaltlich ganz klar verteidigte und deren Vertreter in die Schranken wies. Offen wurden von den Stakeholdern auch Chancen und Barrieren zur Umsetzung der Ergebnisse in den jeweiligen Herkunftsorganisationen reflektiert. Diskussionen zu vielversprechenden Fragen, die künftige Foresight-Prozesse beantworten sollten, rundeten dann den Gesamtprozess ab.

5.1.5 Anwendung exemplarischer Methoden und deren Ergebnisse im FVE 2050

Key-Driver im europäischen Langstreckenverkehr

Im Rahmen des Foresight-Prozesses wurden folgende Einschätzungen des Basler Prognos-Instituts berücksichtigt (Meyer-Rühle 2010):

Nachfrageentwicklung: Der möglicherweise einflussreichste Key-Driver ist die Nachfrage nach Langstreckenfrachtverkehr. Indikator für die Nachfrage ist die gesamte EU27-Leistung, gemessen in zurückgelegten Tonnenkilometern. Zwischen 2005 bis 2050 wird mit einem Anwachsen der Nachfrage um 58 % gerechnet. Diese Wachstumsrate umfasst sowohl nationale als auch internationale Entwicklungen im Transportsystem. Mit Blick auf die sich weiter ausdifferenzierende Arbeitsteilung wird dabei international von einer doppelt so hohen Nachfrageentwicklung wie auf nationaler Ebene ausgegangen.

Aus der Unternehmensperspektive wird die anwachsende *Arbeitsteilung in der Logistik* relevant werden. Getrieben von finanziellen Notwendigkeiten kommt es verstärkt zum Outsourcing an Dritte, zu »offshoring« im Sinne der Verlagerung von Produktionsstätten in andere Länder und Kontinente und zur Zentralisierung im Sinne der Reduktion dezentraler Beschaffungs- und Verteilungssysteme. Verkehrstechnisch führen die zunehmenden Entfernungen zwischen Produktionsstätten und Märkten zu einer Verlängerung der Transportwege. In Zukunft können striktere Regulierungen, Transportrisiken, »Carbon-Pricing« (Steuern) und ein höheres Bewusstsein der Kunden zur Veränderung solcher Entwicklungen führen. Aufgrund der in den letzten Jahren rückläufigen Logistikkosten kann eine solche Trendwende nur durch eine signifikante Erhöhung von Langstreckentransportkosten für Unternehmen erreicht werden.

Als weiterer Key-Driver wird die *Verfügbarkeit fossiler Brennstoffe* gesehen. Es wird angenommen, dass der durchschnittliche Ölpreis 2050 den extrem hohen Wert von 2008 aufweisen wird. Dabei wird wie in der Vergangenheit mit einer Verknüpfung der Höhe des Ölpreises mit dem globalen Wirtschaftswachstum ausgegangen. Alle Analysen gehen davon aus, dass die konventionelle Produktion fossiler Treibstoffe schon vor 2020 ihren Höhepunkt erreichen wird, sodass diese zunehmend schwerer verfügbar und damit für Unternehmen teurer werden. Für das Jahr 2050 wird mit 40%iger Wahrscheinlichkeit davon ausgegangen, dass Ölsand, extradickes Öl und Bitumenmergel 50 % der weltweiten Nachfrage abdecken werden müssen.

Die *Transportkosten für die Straße* (tkm) werden voraussichtlich bis 2030 um 4 % steigen unter Berücksichtigung der ansteigenden Straßengebühren und genereller Kostensteigerungen. Diese Verteuerung wird durch die zu erwartende 20-prozentige Erhöhung der Logistikeffizienz zum Teil abgefedert werden. Umgekehrt wird von einer Abnahme der Transportkosten auf der Schiene um 10 % bis 2030 ausgegangen. Diese Abnahme fußt auf einer effizienteren Planung und einem erhöhten Zusammenwirken (Interoperabilität) der Verkehrsmodi. Aufgrund der Kostenentwicklung ist insgesamt von einer zunehmenden Verlagerung des Frachttransports auf die Schiene auszugehen.

Ein anderer Key-Driver für den Langstreckenverkehr ist die *Infrastrukturkapazität*. Die Entwicklung der Bevölkerung und das ökonomische Wachstum werden in den einzelnen europäischen Ländern sehr unterschiedlich verlaufen. Entsprechend unterschiedlich werden sich auch die Transportnachfrage und die damit verbundenen Anforderungen an eine entsprechende Infrastruktur entwickeln. Eine weitere Zunahme an Staus wird vor allem in Mitteleuropa erwartet, wo mit verstärkten Engpässen auf viel befahrbaren Straßen rund um Großstädte zu rechnen ist. Für Osteuropa wird davon ausgegangen, dass die vorhandene Infrastruktur die künftige Transportnachfrage gut bewältigen kann.

Die *Informationstechnologie* gilt als erster Technologie-Key-Driver in Bezug auf einen effektiveren Umgang mit limitierter Infrastrukturkapazität. Der Trend zum verstärkten Einsatz von Informations- und Kommunikationstechnik (IKT) kann in allen drei Verkehrsmodi (Straße, Schiene, Wasser) sowohl bei Infrastrukturbetreibern als auch bei Anbietern und Nutzern von Fahrzeugen beobachtet werden. Beispiele dafür sind Just-in-Time-Meldungen aktueller Verkehrsströme, Unfallvorbeuge- und Platooning-Systeme etc. Im Zugverkehr kommen verstärkt das Electronic Train Control System (ETCS) und das European Rail Traffic Management System (ERTMS) zum Einsatz. Der Haupttrend geht in Richtung eines fortgeschrittenen Planungssystems auf der Basis von Informationstechnologie, die die Optimierung von Wertschöpfungsketten erleichtern. Hier geht man davon aus, dass künftig Entscheidungen über Produktions- und Distributionsstandorte in Bezug auf solcherart optimierte Prozessketten getroffen werden. Auch weltweite Navigationssatellitensysteme sind diesem Trend zuzurechnen (siehe intelligente Container).

Als zweiter Technologie-Driver gilt die *Motorentechnologie*. Erwartet wird, dass Dieselmotoren bis 2020 ihre Effizienz um weitere 20 % erhöhen werden. Da die Entwicklung elektrischer Antriebssysteme durch die Batterietechnologie stark limitiert ist, erscheint aus heutiger Sicht eine Effizienzsteigerung von Dieselmotoren auf der Basis von Biotreibstoffen als die wahrscheinlichste Entwicklung trotz verstärkter Skepsis gegenüber der Nachhaltigkeit von Biotreibstoffen.

Die *Verkehrspolitik* ist ein weiterer zentraler Key-Driver in der Europäischen Union. Die EU-Politik basiert auf dem freien Warenhandel innerhalb der EU sowie auf der Annahme einer fortgesetzten EU-Erweiterung. Auf EU-Ebene bleiben das Beantworten von Fragen der Finanzierung der Transportinfrastruktur sowie Entscheidungen in Bezug auf weitere Liberalisierungs- bzw. europäische Standardisierungsschritte weiterhin Aufgaben der Politik. Zur Vorbeugung vor Infrastrukturgefahren ist mit einer sukzessiven Verlagerung des Verkehrs von der Straße auf die Schiene und Inlandwasserwege zu rechnen. Die EU-Politik zielt darauf, keinen Verkehrsmodus zu bevorzugen, aber zugleich dafür zu sorgen, dass bei jeder Verkehrsart die größten Anstrengungen in Richtung Nachhaltigkeit unternommen werden (siehe 20:20:20-Strategie der EU). Angezielt wird dabei unter anderem auf die Internalisierung externer Kosten.

Abschließend müssen die künftig wohl größten Key-Driver erwähnt werden: *Treibhausgasemissionen* und *Klimawandel*. Während bisherige Regelungen eher auf eine Reduktion von SO_2, NO_x und flüchtiger organischer Verbindungen mit Ausnahme von Methan (non-methane volatile organic compounds, NMVOC) abzielten, wird künftig verstärkt mit Treibhausgasregelungen gerechnet. Wenn der Klimawandel weiter so dramatisch fortschreitet, wird er direkte Auswirkungen auf die Erreichbarkeit von Infrastruktur (z. B. Behinderungen durch Muren, Hochwasser, Zerstörung von Bahn- oder Straßennetzen etc.) haben und somit die sozioökonomische Entwicklung sowie den gesamten Frachttransport direkt beeinflussen.

Forecasts der Nachhaltigkeitsfaktoren

Forecasting-Methoden sind evidenzbasierte und damit die Vergangenheit fortschreibende Zukunftsprognosen. Die Zukunft soll durch explorative Prognosen möglichst genau beschrieben werden. Beim

Forecasting steht die expertenorientierte und rechnergestützte Vorhersage im Vordergrund.

In FVE 2050 wurden unterschiedliche Forecasts zur Modulierung und Visualisierung der verschiedenen Nachhaltigkeitskriterien (Treibhausgasemissionen, Abhängigkeit von fossilen Brennstoffen, Stau und Unfälle) eingesetzt. Untersucht wurde die Entwicklung der zentralen Systemgrößen des Langstreckenfrachtverkehrs bis 2050. Auf der Basis der dabei identifizierten Werte wurden dann Forecasts zu den vier Nachhaltigkeitskriterien mit Kalkulationsmodellen (Syke-Modell, Trans-Tools-Modell) berechnet und für die Untersuchungsfragen interpretiert (Abb. 29).

Auffallend war, dass alle Trend-Forecasts »nach unten« verlaufen. Das erscheint plausibel, da trotz weiter steigendem Bedarf an Langstreckenfrachttransport mit einer Effizienzsteigerung von Motoren bis 2050 und gleichzeitig mit einer Reduktion des Luft- und Rollwiderstands von Lkw gerechnet werden kann. Unterstützt wird diese Entwicklung im »Low-Modell« durch einen stark erhöhten Anteil an Biotreibstoffen (starker Einfluss auf Treibhausgasreduktion) und den Ausbau elektrifizierter Zugverbindungen.

Zugleich beeinflussen viele Maßnahmen, die auf die Reduktion von Treibhausgasemissionen abzielen, gleichzeitig den Grad der Abhängigkeit von fossilen Treibstoffen. Der Mix aus Treibstoffen ist damit im Vergleich zu den Treibhausgasemissionen eher ein relativer Indikator: Ein geringerer Verbrauch fossiler Brennstoffe beeinflusst den Frachtverkehr kaum, es sei denn, die fossilen Brennstoffe werden direkt durch erneuerbare Treibstoffquellen ersetzt.

Die Trendszenarien zeigen insgesamt auf, mit welchen Entwicklungen zu rechnen ist, wenn die Hauptparameter der zentralen Systemgrößen des Frachtverkehrssystems konstant bleiben (Bezugsjahr 2010).

Mithilfe von Technologieentwicklungen scheinen die aus Sicht der Stakeholder sozial attraktiven, im FVE-Projekt vereinbarten quantitativen Ziele der »Low-Szenarien« den Experten zufolge durchaus erreichbar zu sein. Umgekehrt wurden die »High-Szenarios« als Katastrophenszenarien für die europäischen Gesellschaften gewertet, die mit wirksamen Maßnahmenbündeln verhindert werden müssen.

Diese Forecast-Szenarien wurden im Rahmen des FVE 2050-Prozesses in einem Stakeholder-Forum dazu genutzt, sich über wahrscheinliche Entwicklungen zu verständigen.

Vision einer wünschenswerten Zukunft des europäischen Langstreckenverkehrs

Unter Vision wurde im FVE 2050 ein Set an ethischen und sozial wünschenswerten Zielen zur Realisierung der Nachhaltigkeitskriterien verstanden. Die Ziele, die in der Visionsentwicklung festgelegt werden, sind normative Ziele. Das bedeutet, dass sie sozial wünschenswerte Zielvorstellungen und Werte abbilden. Abb. 27 illustriert die Ergebnisse sowohl der qualitativen Visionsentwicklung (als Bild) als auch der im Stakeholder-Prozess vereinbarten quantitativen Ziele in Bezug auf die Reduktion von Treibhausgasemissionen, Unfällen, Verkehrsstaus sowie der Abhängigkeit von fossilen Brennstoffen.

Die FVE 2050-Vision selbst bezog sich auf bereits bestehende zentrale Strategiedokumente der Europäischen Kommission, deren 20–20–20-Klimaziele (White Paper aus dem Jahr 2001), den Stern-Report (Stern 2007, 2009), den Report des zwischenstaatlichen Panels zum Klimawandel (IPCC 4th Assessment Report) sowie das Kyoto-Protokoll.

Bei der Erarbeitung der Vision wurde davon ausgegangen, dass der anhaltende Druck auf die Industrie und damit verbunden auch auf den Personen- und Langstreckenfrachtverkehr zu einer konsequenten *Reduktion der Treibhausgasemissionen* führen wird. Angenommen werden Reduktionsziele von 40 % bis 2020, 70 % bis 2035 und 80 % bis 2050.

Auch bei der *Reduktion der Abhängigkeit von fossilen Brennstoffen* wurde Bezug auf die bestehenden 20–20–20-Ziele der EU genommen. Darüber hinaus wurde postuliert, dass beim Fracht- und Personenverkehr ein vergleichbarer Anteil an erneuerbarer Energie erreicht wird, wie dies für die übrige Wirtschaft erwartet wurde.

In der EU wird davon ausgegangen, dass der Anteil fossiler Brennstoffe nach 2020 stark zurückgehen wird. Diese Annahmen münden in die Vision, dass dieser Anteil bis 2020 auf 80 %, bis 2035 auf 60 % und bis 2050 auf 40 % des Gesamteinsatzes der Energiequellen verglichen mit den Ausgangswerten für 2005 reduziert wird.

Seit sich das Bewusstsein durchgesetzt hat, dass Staus die Wettbewerbsfähigkeit der EU27 gefährden, ist dieses Thema für die europäische Politik wichtiger geworden. Bis 2010 gab es noch kein konkretes quantitatives Ziel zur Reduktion von Staus. Der Trend-Forecast, der im Rahmen von FVE 2050 mit TRANS TOOL entwickelt wurde, verdeutlichte, dass eine Staureduktion unter 26 % bis 2035 nicht mach-

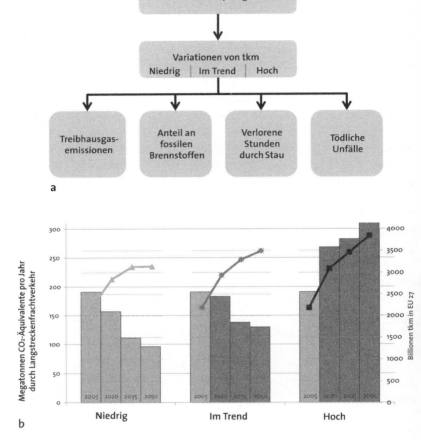

Abb. 27a–d: Vier Forecasts zu Nachhaltigkeitskriterien (verändert nach Schmiele 2010); a) Übersicht; b) Forecast für Treibhausgasemissionen

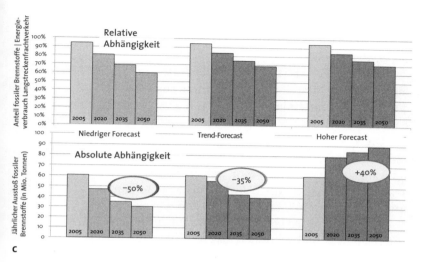

c

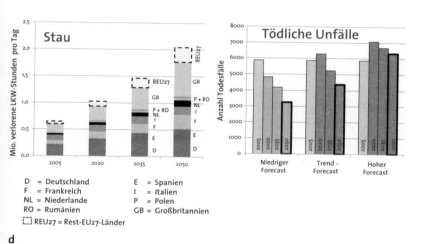

d

D = Deutschland
F = Frankreich
NL = Niederlande
RO = Rumänien
REU27 = Rest-EU27-Länder

E = Spanien
I = Italien
P = Polen
GB = Großbritannien

Abb. 27a–d (Fortsetzung): Vier Forecasts zu Nachhaltigkeitskriterien (verändert nach Schmiele 2010); c) Forecast für die Abhängigkeit von fossilen Brennstoffen; d) Forecasts für Stau und tödliche Unfälle

bar scheint. Diesen Annahmen folgend wurden in der quantitativen Vision Reduktionsziele von 13 % bis 2020, 25 % bis 2035 und 50 % bis 2050 festgelegt.

Die Folgekosten von Unfällen betreffen im Sinne tödlicher Unfälle nicht nur Menschenleben, sondern senken gleichzeitig auch das europäische Bruttoinlandsprodukt um 2 %. Diese Erkenntnis führte dazu, dass sich die EU das Reduktionsziel von 50 % bis 2010 setzte.

Die FVE 2050-Vision geht von einer Reduktion um 40 % im Zeitraum von 15 Jahren für alle EU27 aus. Bis 2020 sollte die Todesrate im Langstreckenfrachtverkehr auf 40 % des Wertes von 2000 gesenkt werden (3500 Tote EU-weit), bis 2035 sollten 65 % (2100 Tote) und bis 2050 80 % (1300 Tote) EU-weit realisierbar sein.

Diese Zukunftsperspektiven wurden in einem Stakeholder-Forum zu einem Bild gebündelt, das sowohl qualitative als auch quantitative Ziele des Langstreckenfrachtverkehrs auf einem Plakat zusammengefasst wurde (Abb. 28).

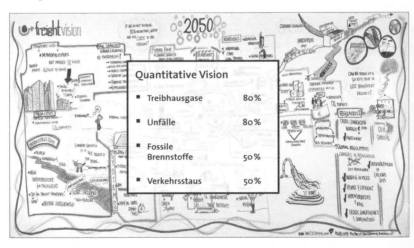

Abb. 28: Freightvision Europe 2050 – Qualitative und quantitative Vision

Szenario-Backcasting als Rüttelstrecke der Zukunftsvision

Mit der Methode des Backcasting-Szenarios wird überprüft, ob die gewünschte Vision auch einigermaßen wahrscheinlich erreichbar und keine Utopie ist. Dabei wurden die im Rahmenkonzept definierten Trends der Nachhaltigkeitskriterien auf die Gegenwart zurückgerechnet. Verschiedene Rechenmodelle (SYKE, TRANS TOOLS) wurden verwendet, um eine Vorstellung zu schaffen, wie sich die zentralen Systemgrößen entwickeln müssten. Zum Beispiel wurde untersucht, wie sich die zentralen Systemgrößen »Modal Split«, »Motoreneffizienz« etc. entwickeln müssen, damit 2050 das Treibhausgasemissionsziel erreicht werden kann.

So zeigen z. B. die Backcasting-Szenarien »Treibhausgasemissionen« (Abb. 29a) und »Anteil fossiler Treibstoffe« (Abb. 29b) auf, dass mithilfe angenommener Verbesserungen im Bereich »Motoreneffizienz« und »Modal Split« eine im Vergleich zu den »Low Trends« der

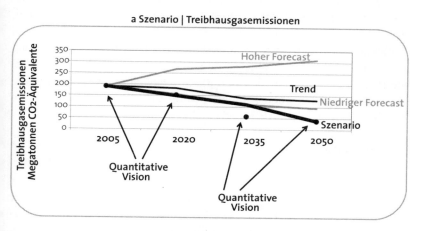

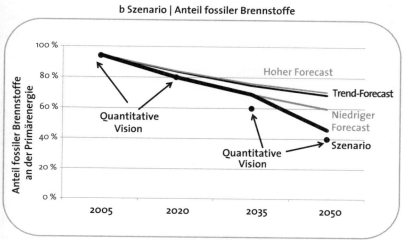

Abb. 29a, b: Ausgewählte prototypische Szenarien (Helmreich 2009)

Forecasts deutliche Reduktion beider Nachhaltigkeitskriterien erzielt werden kann.

Andererseits wird im Backcasting-Szenario zugleich deutlich, dass durch die oben genannten Verbesserungsmaßnahmen die von den Stakeholdern erarbeitete quantitative Vision 2050 zur Reduktion der Treibhausgasemissionen tatsächlich erreicht werden kann.

Erst die Plausibilität der tatsächlichen Zielerreichung schafft die Basis dafür, entsprechende Maßnahmenbündel pro Backwards-Szenario als »Politikempfehlung« zu erarbeiten.

Die Plausibilisierung der Vision mithilfe der Rechenmodelle SYKE und TRANS TOOLS führte dann letztendlich dazu, dass sich das Projektteam in Abgrenzung zu den Forecast-Ergebnissen des Projektstarts in der Setzung seiner quantitativen Visionsziele bestätigt fühlte. Das ermöglichte es den Stakeholdern, sich auf im Vergleich zu den Forecasts deutlich anspruchsvollere Ziele zu einigen, weil diese mit den »berechneten«, unterschiedlichen Maßnahmenbündeln nun »nachweislich« erreichbar schienen.

Sensibilitätsanalyse
Im Anschluss an das Backcasting-Szenario wurde eine Sensibilitätsanalyse für das FVE 2050-Szenario durchgeführt. Dabei sollten die kritischsten Stellen identifiziert werden, die zu Trendumkehr oder signifikanten Verzögerungen führen könnten. In einem ersten Analyseschritt wurde die mögliche Einflusshöhe jeder zentralen Systemgröße auf das Szenario untersucht. In einem zweiten Schritt wurde die Bedeutung jeder zentralen Kerngröße überprüft. In einem letzten

Priorität	Zentrale Systemgröße
1	Fahrzeugeffizienz
2	Low-Carbon-Elektrizität
3	Motoreneffizienz
4	Biotreibstoffe
5	Effizienter Einsatz von Fahrzeugen
6	Elektrische Energie im Straßentransport
7	Modal Split (Schiene, Straße, Wasserwege)
8	Elektrifizierung der Schiene
9	Lkw-Gewicht und -Größe

Tab. 3: Prioritäten der zentralen Systemgrößen (Helmreich 2011, S. 155).

und dritten Schritt wurden Wild Cards berücksichtigt, die zu komplett unterschiedlichen Zukunftsentwicklungen führen könnten. Als Ergebnis entstand eine Priorisierung der zentralen Systemgrößen in Bezug auf ihren Beitrag zum Erreichen der Visionsziele (Tab. 3).

Tab. 4 verdeutlicht den quantifizierten Beitrag der einzelnen Systemgrößen im Zeitverlauf.

Einflussfaktoren 2020		Zielwerte			Priorität
		2035	2050		
Limitiertes Anwachsen von tkm		+30 %	+43 %	+44 %	A
Rückgang Energiebedarf pro Fahrzeug		-20 %	-40 %	-50 %	A
Reduktion Treibhausgasemissionen in der Stromerzeugung		37,5 %	61 %	88 %	A
Elekt. Antrieb Langstreckentransport		0 %	20 %	25 %	A
Erhöhter Anteil an Biotreibstoffen		13 %	24 %	33 %	A
Biobrennstoff-Upstream-Emissionen		42 %	83 %	83 %	A
Erhöhte Effizienz beim Einsatz von Fahrzeugen		+8	+30 %	+50 %	A
Erhöhte Motoreneffizienz		+21 %	+40 %	+45 %	A
Erhöhung des Anteils von Bahn und Schiff am Frachtverkehr	Straße	75 %	70 %	65 %	B (A)
	Schiene	19 %	22,5 %	25 %	
	Wasser	6 %	7,5 %	10 %	
Erhöhter Anteil elektrischer Züge		+66 %	+75 %	+80 %	C
Einsatz von Mega-Trucks		+2 %	+8 %	+10 %	C

Tab. 4: Wirkung relevanter Einflussfaktoren (Helmreich 2009).

Aktionsplan und Politikempfehlungen

Das FVE 2050-Szenario baut auf zentralen Systemgrößen und ihren Entwicklungspotenzialen auf. Der Aktionsplan dient dazu, diese zentralen Systemgrößen zu verändern. Daher bestand ein wichtiger Teil von FVE 2050 darin, Empfehlungen für die europäische und nationale Politik abzuleiten (Tab. 5).

Im Zuge des Foresight-Prozesses hat das Projektteam schon existierende Politikmaßnahmen und ihre Auswirkungen auf das Langstreckentransportsystem untersucht. Dabei wurde sowohl auf inhaltliche Forschungsschwerpunkte (in der Technologieentwicklung) als auch auf grundlegende Erfolgskriterien für die Forschungspolitik geachtet. Politikkriterien zielen auf das Erkennen geeigneter Rahmenbedingungen zur Einführung neuer Technologien am Markt, zur Senkung von Preisen im Verkehrssystem etc. und damit auf das Identifizieren zentraler Politikmaßnahmen ab.

Die wirksamsten Maßnahmen in Bezug auf jede zentrale Systemgröße über die Zeitachse 2020–2035–2050 wurden in den Aktionsplan aufgenommen und können im Detail nachgelesen werden (Helmreich 2011, S. 271).

Dieser integrierte Ansatz ist deswegen unüblich, weil die Interventionen sowohl auf nationaler als auch auf europäischer Ebene in unterschiedlichen Ministerien und Entscheidungsgremien lokalisiert sind.

Priorität	Zentrale Systemgröße	Effektivste Politikmaßnahmen	Aufgaben der Politik
1	Transportleistung	Optimierung des Netzwerks von Frachteigentümern; E-Fracht; Routenplanung & Kontrolle	Entscheidungen zur Wertschöpfungskette in Bezug auf Produktionsstandorte, Lagerstätten, Erhöhung der Transportkosten; Einführung von CO_2-Kennzeichnung; Verbesserung IKT-Routenplanung
2	Fahrzeugeffizienz	Clean-Fahrzeugtechnologie; Luft- und Rollwiderstand; beste erreichbare Technologien	Forschungs- und Transportpolitik; neue Materialien; Forschung im Bereich Roll- und Luftwiderstand; Limits festlegen für Luft- und Rollwiderstand; Gewichtsregulationen; Monitoring
3	Low-Carbon-Elektrizität	CO_2-Kennzeichnung; Besteuerung fossiler Brennstoffe	Forschungs- und Transportpolitik; CO_2-Kennzeichnung von Transportdienstleistungen; Besteuerung fossiler Treibstoffe; Erforschen weiterer Möglichkeiten
4	Elektrische Energie im Straßentransport	Verbesserte Batterien, Besteuerung fossiler Brennstoffe, Investition ins Straßennetz	Forschung intensivieren für Batterietechnologie (Kosten, Gewicht); Besteuerung fossiler Brennstoffe; Investition in Elektro-Infrastruktur; Demo-Projekt »Electric Green Corridor«
5	Biotreibstoffe	Clean-Fahrzeugtechnologie in Bezug auf Biobrennstoffe; Besteuerung fossiler Brennstoffe	Standard für Upstream-Emissionen festlegen; Auswirkungen auf Wasser und Biodiversität beobachten; preisliche Wettbewerbsfähigkeit durch Besteuerung fossiler Brennstoffe garantieren

Priorität	Zentrale Systemgröße	Effektivste Politikmaßnahmen	Aufgaben der Politik
6	Effizienter Einsatz von Fahrzeugen	Konsolidierung und Kooperation im Frachtverkehr; Training von Eco-Fahren, Liberalisierung der Schifffahrt	Effizienz bei Fahrverhalten und Beladungslogik verbessern durch Training und Belohnungssysteme; EU-Regelungen anstreben; Erhöhen der Kosten für Fahrzeugkilometer, um Kooperation zwischen Transportunternehmen zu verbessern; EU-weite Liberalisierung
7	Motoreneffizienz	Integration des CO_2-Standards in Regulationen von »heavy good vehicles« (HGVs); besterreichbare Technologie	CO_2-Standard in HGV-Regulationen aufnehmen; Einsatz der besten Technologien; Belohnung und Druck gut balancieren
8	Modal Split (Schiene, Straße, Wasserwege)	Intermodal-Transport; Internalisierung externer Kosten	Verbesserung der Infrastrukturkapazität von Schiene und Wasserwege; externe Kosten bei allen Modi internalisieren; Verbesserung des Schienenkapazitätsmanagements; nationale und EU-Förderungen konzentrieren; Entwicklung und Einsatz von E-Transport
9	Elektrifizierung der Schiene	CO_2-Kennzeichnung; Elektrifizierung des Schienenkorridors; Besteuerung fossiler Brennstoffe	Standardisierte elektrifizierte EU-weite Infrastruktur; CO_2-Kennzeichnung und Besteuerung fossiler Brennstoffe
10	Gewicht und Größe von Lkw	Veränderung der Regeln für HGV-Gewicht und -Dimensionen; Investition in Straßeninfrastruktur	Einführen neuer Regelungen für Gewicht und Dimensionen; Investition in EU-Infrastruktur

Tab. 5: Top-10-Empfehlungen für Politikmaßnahmen (Helmreich 2011, S. 265).

5.2 Foresight-Prozess auf nationaler Ebene

Das oben beschriebene EU-Projekt Freightvision 2050 entwickelte auf EU-Ebene eine langfristige Vision und Aktionspläne für die Technologie- und Verkehrspolitik mit dem Ziel eines nachhaltigen Güterverkehrs bis 2050. Erstmals waren auf europäischer Ebene in einem Stakeholder-Prozess Herausforderungen für den Güterverkehr der

Zukunft gemeinsam mit Herausforderungen des Jahres 2010 diskutiert und in einem Aktionsplan formuliert worden. Neu war dabei (neben der Berücksichtigung der europäischen Wettbewerbsfähigkeit und der Verkehrssicherheit) die Einbeziehung von Klimareduktionszielen und Zielen der Reduktion der Abhängigkeit von fossiler Energie im Verkehrsbereich. Da es in diesem Bereich um langfristige Transitionsprozesse geht, die durchaus auch radikale Systeminnovationen notwendig machen, ist die langfristige Vorausschau bis 2050 von besonderer Bedeutung.

In der Folge dieses europäischen Projekts wurde in Österreich auch auf nationaler Ebene ein Foresight-Prozess ausgeschrieben. Dies ermöglichte es, eine ursprünglich geplante und beauftragte Begleitstudie in Richtung eines partizipativen Foresight-Prozesses auszuweiten und relevante österreichische Stakeholder-Gruppen für die Bereiche Logistik und Infrastrukturtechnologie im Güterverkehr in den Prozess einzubeziehen.

Im folgenden Fallbeispiel beschreiben wir jene Aspekte, die in einem nationalen Kontext besonders beachtenswert sind.

5.2.1 Ziele des österreichischen Foresight-Prozesses Freightvision Austria (FVA 2050)

Ziel des Foresight-Prozesses FVA 2050 war, die Erkenntnisse des EU-Projekts Freightvision und anderer europäischer Studien für Österreich zu nutzen. Ein Fokus lag dabei insbesondere auf Logistik- und Infrastrukturtechnologien und auf dem Verkehr in und zwischen Ballungsräumen. Auf der Basis der Ergebnisse dieses Foresight-Prozesses sollten Empfehlungen für die nationale Technologiepolitik erarbeitet werden.

Ziel des im nationalen Projekt FVA 2050 durchgeführten Prozesses war es also, die Ergebnisse bisheriger Forschung, die im Freightvision-Projekt und in anderen aktuellen Foresight-Studien zu langfristigen Entwicklungen im Güterverkehr erarbeitet wurden, in systematischer Form zugänglich zu machen und bezüglich der Herausforderungen für Österreich auszuwerten.

Das Projekt FVA 2050 trat dazu an, gemeinsam mit den wichtigsten österreichischen Stakeholdern Schlussfolgerungen im Rahmen eines nationalen Foresight-Prozesses für den Güterverkehr in Bezug auf Ballungsräume zu ziehen, der für die Bereiche der Logistik- und Infrastrukturtechnologie in einem Maßnahmenkatalog für die Technologiepolitik sowie in einem Ausblick auf zukünftig nötige Entwicklungen in der Verkehrstechnologie münden sollte.

5.2.2 Arbeitsstruktur zur Projekt- und Prozessgestaltung

Die Foresight-Architektur von FVA 2050 wurde vom Austrian Institute of Technology (AIT) analog zu der von FVE 2050 aufgebaut und entsprechend den nationalen Verhältnisse redimensioniert (Abb. 30):

- Auftraggeber: Österreichisches Bundesministeriums für Verkehr, Innovation und Technologie (bmvit),
- Projektmanager: AIT,
- Kernteam: AIT (Expertise in Foresight, Kenntnis des Verkehrssektors, Expertise in Organisationsentwicklung),
- Projektkonsortium: 6 Partner,
- Stakeholder-Forum: ca. 40 Stakeholder.

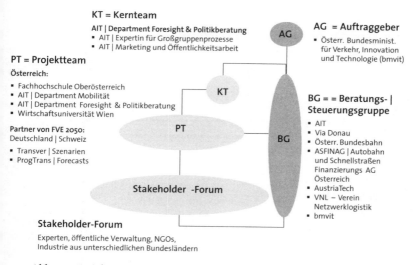

Abb. 30: Freightvision Austria 2050 – Projektorganisation

Im Unterschied zur europäischen Ebene verfügt die österreichische Politik nicht über eine vergleichbar ausdifferenzierte Landschaft an Technologieplattformen als »Forschungsräte« (Interessensverbände). Daher war auch die Stakeholder-Zusammensetzung weniger komplex.

Im *Stakeholder-Forum* waren im Wesentlichen die folgenden Zielgruppen vertreten:

- Politik (Gemeinden: Wien, Linz, Graz, Salzburg; Bundeslän-der: Wien, Ober- und Niederösterreich, Steiermark, Tirol; ös-terr. Verkehrsministerium),
- Infrastrukturbetreiber (ÖBB, ASFINAG, Via Donau, Flughafen Wien),
- Logistikindustrie (große Frächter und Spediteure),
- Industrie mit bzw. ohne eigene Logistik (Bau-, Stahl-, Lebens-mittelindustrie, Procter & Gamble),
- Energiebereitsteller (OMV und Verbund),
- Vertreter der Fahrzeugindustrie,
- Interessensvertretungen (Verein Netzwerklogistik, Bundes-vereinigung Logistik Österreich, ANTTS-Telematics Network, Wirtschaftskammer, österr. Gewerkschaftsbund, Arbeiterkam-mer) sowie
- Forschungseinrichtungen (Wirtschaftsuniversität, AIT, Fach-hochschule Steyr/Oberösterreich: Logistikum).

Das *Kernteam* bestand im Unterschied zu FVE 2050 nur aus Vertre-tern einer Organisation (AIT, Department Foresight & Policy Deve lopment). Auch hier dienten die Treffen des Kernteams vor allem

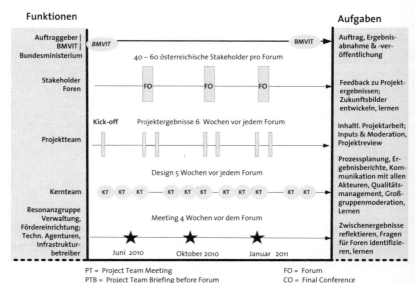

Abb. 31: Freightvision Austria 2050 – Prozessarchitektur

dazu, die einzelnen Stakeholder-Foren vorzubereiten und nachträglich prozessrelevante »lessons learned« auszuwerten.

Die Prozessarchitektur zeigt das Zusammenspiel der unterschiedlichen Funktionen der nationalen Foresight-Architektur im Zeitverlauf (Abb. 31).

5.2.3 Nationale Foresight-Prozesslandkarte

Arbeitspaket 1: Diskussion von Freightvision Europe und anderen Studienergebnissen

Im Rahmen von Desk Research wurden die Ergebnisse von Freightvision 2050 und anderer relevanter Studien in Bezug auf Politik-, Technologie- und externe Kontexttreiber sowie relevante Forecasts aufgearbeitet. Die Berücksichtigung des österreichischen Kontexts und die Erweiterung um die Komponente des innerstädtischen Verkehrs standen dabei im Vordergrund. AIT bereitete die Spezifika der Vision und der sozioökonomischen und politischen Key-Driver von FVE 2050 auf und führte Screenings aktueller Foresight-Studien durch. Dabei konnte das Team auf das Wissen aus dem FVE 2050-Prozess und auf bisher durchgeführte Screenings von Foresights im Zusammenhang mit Technologien im Transportbereich zurückgreifen.

Forscher der Wirtschaftsuniversität, des AIT Mobility und Transfer bereiteten die Key-Driver im Bereich Logistik und Güterverkehrstechnologien auf. Die ProgTrans AG aktualisierte die von ihr erstellten Langfristprognosen für Freightvision 2050 zu sozioökonomischen Leitdaten sowie zur Verkehrsleistung der drei Verkehrsträger Straße, Schiene und Wasserwege für Österreich.

Das aus den verschiedenen Vorarbeiten entstandene Inputpapier wurde den Stakeholdern vor dem ersten Forum als Einstimmung zur Verfügung gestellt. Die weiteren Ergebnisse des Desk Research und der erstellten Forecasts wurden in der Großgruppe präsentiert und von den Stakeholdern ergänzt und gewichtet.

Auf Basis einer gemeinsamen entwickelten »Landkarte österreichischer Trends 2020, 2035 und 2050« wurde dann eine vorläufige FVA 2050-Vision in Form angestrebter Soll-Kennzahlen definiert und durch eine qualitative Visionsentwicklung 2050 im Dialog mit allen relevanten Stakeholdern ergänzt. Die Ergebnisse des ersten Forums wurden in das FVA-Papier eingearbeitet und dienten als Basis für den weiteren Arbeitsprozess.

Arbeitspaket 2: Entwicklung von Rahmenszenarien für Österreich

Im Rahmen eines Desk Research wurden österreichspezifische Rahmenszenarien auf der Basis von Freightvision 2050 und anderen relevanten Studien erstellt und ein Entwurf von verkehrspolitischen Maßnahmenbündeln abgeleitet.

Diese Ergebnisse wurden den Stakeholdern im zweiten Forum in kurzen Inputs vorgestellt. Gemeinsam wurden diese Experteninputs auf ihre Plausibilität und Anwendbarkeit auf Österreich kritisch hinterfragt und zu Aktionsszenarien weiterentwickelt. Mit einem »Crash-Test« der Handlungsszenarien wurde die Robustheit dieser Szenarien durch die Stakeholder auf den Prüfstand gestellt. Durch Wild Cards (schwer voraussagbare Entwicklungen mit großer Auswirkung) wurde versucht, mögliche Schwachstellen der Szenarien zu identifizieren und robuste Handlungsbündel zu schnüren.

Auch bei diesem Schritt wurden im Vorfeld des zweiten Stakeholder-Forums spezifische Fragestellungen an die Stakeholder sowie geplante Arbeitsmethoden im Sounding Board mit Auftraggebervertretern diskutiert und das Prozedere sowie die unterschiedlichen Rollen und Spielregeln für das Forum 2 vereinbart.

»Sounding Board« ist ein gängiger Begriff aus der Organisationsentwicklung. Es ist eine Art »Resonanzgruppe«, die Schlüsselakteure eines Innovationssystems wie z. B. Verkehr umfasst. Diese werden als »Berater« um Feedback zu erarbeiteten Zwischenergebnissen gebeten. Mitglieder haben also nur Beratungs-, aber keine Entscheidungskompetenzen. Da im Fall von Freightvision Austria das Sounding Board mit Auftraggebervertretern besetzt war, ermöglichten ihre Beratungen dem Projektkonsortium während der letzten Projektmeilen, an das Politiksystem anschlussfähige Empfehlungen zu adressieren. Dabei wurde darauf geachtet, dass sowohl Key-Stakeholder als auch Stakeholder Mitverantwortung für die Qualität der Stakeholder-Dialoge und ihrer Ergebnisse übernehmen sollten.

Arbeitspaket 3: Impact Assessment und Maßnahmenkatalog

In der Zwischenphase wurde die bisherige Vision von Experten mittels Impact Assessment daraufhin überprüft, ob die angestrebten Ergebnisse realistisch und erreichbar sind. Auf dieser Basis wurde ein Vorschlag für technologiepolitische Maßnahmen erstellt, der dazu dienen sollte, die angestrebte FVA-Vision auch zu erreichen. Das da-

raus entstehende Inputpapier fasste die technologiepolitischen Empfehlungen für das dritte Stakeholderforum zusammen. Vor dem dritten Forum wurden diese Vorschläge mit dem Sounding Board und
mit den Auftraggebern erörtert. Im folgenden Forum wurden diese
Vorschläge und die notwendigen Erfolgsfaktoren und Voraussetzun-
gen für eine Implementierung diskutiert, dokumentiert und in das
Arbeitspaket 4 aufgenommen.

Arbeitspaket 4: Maßnahmenkatalog für die nationale Technologiepolitik

Die Ergebnisse aus Forum 3 wurden von den Experten des AIT in
Form eines kommentierten Maßnahmenkatalogs zu forschungspo-
litischen Schwerpunktsetzungen im Bereich der Logistik- und Infrastrukturtechnologie als abschließender Teil der FVA 2030-Foresight-
Studie aufbereitet.

Diese Prozesslandkarte ist im Vergleich zum europäischen Foresight-Prozess deutlich schlanker (Abb. 32).

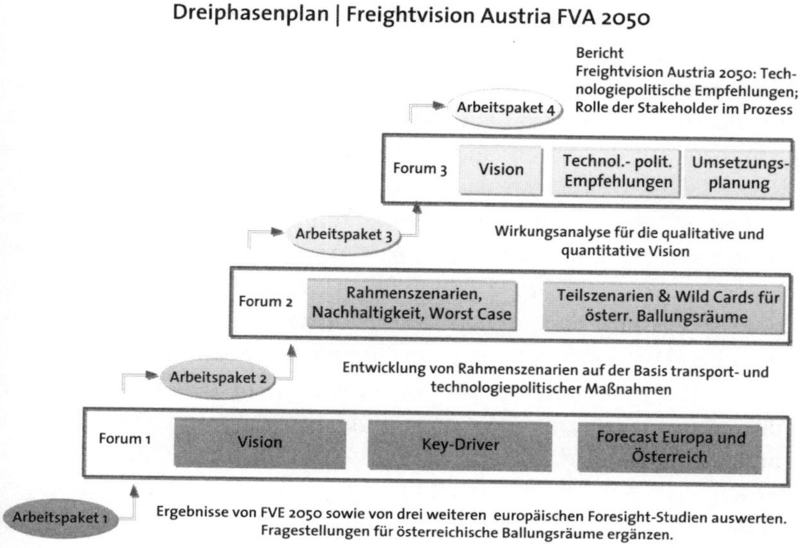

Abb. 32: Prozesslandkarte Freightvision Austria 2050

5.2.4 Prognose der Güternachfrage

Der nationale Foresight-Prozess baute auf dem Rahmenkonzept von FVE 2050 und damit auf den Grundannahmen der Key-Driver und zentralen Systemgrößen auf. Da ProgTrans AG und Transfer GmbH dort Konsortialpartner waren, konnten sie die bestehenden europäischen Trendszenarien als Basis für die Forecast-Spezifika Österreichs verwenden.

Vom Projektpartner ProgTrans AG wurde eine Güterverkehrsprognose bis 2050 durchgeführt. In dieser Nachfrageprognose wurde davon ausgegangen, dass sich die Nachfrage nach Güterverkehr bis 2050 verdoppeln wird. Die weitere Zunahme des Güteraustauschs im europäischen Binnenmarkt, die starke Exportorientierung der europäischen und österreichischen Wirtschaft und die immer größere Bedeutung der Vorprodukte aufgrund weltweiter Produktions- und Wertschöpfungsketten führen zu einer weiter steigenden Güterverkehrsnachfrage in Europa. Die Nachfrageprognose von ProgTrans AG sagt aber nichts darüber aus, wie sich das Güterverkehrswachstum in Europa und Österreich regional entwickeln wird. In der Prognose wird davon ausgegangen, dass der stärkste Anstieg der Güterverkehrsnachfrage im Langstreckengüterverkehr stattfinden wird. Eine Zunahme des Güterverkehrs ist vor allem auf den Hauptverkehrskorridoren zu erwarten. Die Nachfragewachstumsperspektive war Grundlage für die ersten beiden sozioökonomischen Rahmenszenarien.

Die Möglichkeiten zur Güterverkehrsprognose, insbesondere eine detaillierte und ausdifferenzierte Vorausschau, sind bislang eher eingeschränkt. Daten zum Güterverkehr stammen in der Regel aus statistischen Erhebungen, die den gesamten Güterverkehr nur unzureichend erfassen. Die aktuelle österreichische Verkehrsprognose 2025 liefert auch eine spezifische Prognose für den Güterverkehr, allerdings nur bis zum Jahr 2025. Für Langfristprognosen bis 2050 kann nur auf eine Abschätzung der Güterverkehrsnachfrage, die in der Regel an Wirtschaftswachstumsprognosen anschließt, zurückgegriffen werden.

In den vergangenen Jahren haben sich eine Vielzahl neuer Methoden und Verfahren zur Verkehrs- und Güterverkehrserhebung entwickelt, die in Zukunft neue Möglichkeiten der Verkehrsdatenerfassung und damit auch der Verkehrsprognose bieten können. Moderne Telematiktechnologien ermöglichen eine immer diffe-

renziertere Sammlung von Verkehrsdaten und damit eine bessere
Durchführung von Verkehrserhebungen.

In der Prognose (Tab. 6) wird davon ausgegangen, dass die gesamte Güterverkehrsleistung, das heißt die Güterverkehrsnachfrage
auf österreichischem Territorium, aufgrund des prognostizierten
Wirtschaftswachstums bis zum Jahr 2050 um mehr als 120 % auf
insgesamt 126 Mrd. tkm ansteigen wird.

		2000	2005	2007	2008	2009	2020	2035	2050
Gesamt	Mrd. tkm	43	49	57	58	48	72	7	128
Binnen-verkehr	Mrd. tkm	16	17	20	21	18	24	28	31
Int. Verkehr	Mrd. tkm	27	32	37	37	30	48	69	95
Versand	Mrd. tkm	7	8	9	10	9	12	16	20
Empfang	Mrd. tkm	10	11	12	12	8	15	21	27
Transit	Mrd. tkm	10	14	16	16	13	21	32	48
Gesamt	% p. a.		3 %	8 %	1 %	−18 %	4 %	2 %	2 %
Binnen-verkehr	% p. a.		1 %	8 %	3 %	−13 %	3 %	1 %	1 %
Int. Verkehr	% p. a.		4 %	7 %	0 %	−20 %	4 %	2 %	2 %
Versand	% p. a.		4 %	6 %	4 %	−8 %	2 %	2 %	2 %
Empfang	% p. a.		1 %	6 %	0 %	−29 %	5 %	2 %	2 %
Transit	% p. a.		7 %	9 %	−2 %	−21 %	5 %	3 %	3 %
Gesamt	%		100	116	117	97	146	196	254
Binnenver-kehr	%		100	117	121	105	142	167	181
Int. Verkehr	%		100	115	115	92	148	212	292
Versand	%		100	112	117	108	141	188	236
Empfang	%		100	112	112	80	140	194	258
Transit	%		100	119	117	93	159	240	354

*Tab. 6: Gesamtentwicklung der Verkehrsleistung nach
Hauptverkehrsrelationen in Tonnenkilometern (tkm; Quellen: Eurostat,
Statistik Austria, ProgTrans).*

Insbesondere der grenzüberschreitende Güterverkehr wächst im Zuge
der europäischen Binnenmarktintegration und der weiter zunehmenden Verflechtung einer globalisierten Wirtschaft. Steigende Export-
und Importleistungen infolge der Ausdehnung von Produktions- und

Wertschöpfungsketten über Ländergrenzen und Kontinente hinweg lassen besonders den Güterfernverkehr durch Österreich, aber auch aus und nach Österreich (Versand, Empfang) wachsen. In der Langfristprognose wird erwartet, dass der Güterfernverkehr im Jahr 2050 mit 48 Mrd. tkm knapp 370 % höher sein wird als im Jahr 2009.

Hinsichtlich des Modal Splits wird erwartet, dass es ab 2035 erstmals zu einer Trendumkehr zugunsten einer stärkeren Nachfragesteigerung nach Schienengüterverkehr noch vor dem Straßengüterverkehr kommen wird. Es wird erwartet, dass der Modal-Split-Anteil des Straßengüterverkehrs langfristig sinken wird. Dennoch sollte davon ausgegangen werden, dass auch im Jahr 2050 noch mehr als die Hälfte der Güterverkehrsleistung auf der Straße erbracht werden wird.

Im ersten Foresight-Stakeholder-Forum wurde intensiv über diese Prognosen diskutiert. Dass sich die Güterverkehrsnachfrage bis 2050 verdoppeln wird, wurde von den Beteiligten im ersten Dialogforum kritisch hinterfragt. Keiner der Beteiligten konnte sich dies vorstellen. Als realistisch wurde ein Anstieg von 30 bis 40 % angesehen. Mögliche Trendbrüche, wie der Wandel der Produktion oder eine insgesamt stärkere Re-Regionalisierung, könnten zu einer weit geringeren Steigerung der Güterverkehrsnachfrage führen.

5.2.5 Zwei alternative Rahmenszenarien

Im Unterschied zu Prognosen (forecasts) wird mit Rahmenszenarien nicht versucht, eine möglichst genaue Extrapolation der vorhandenen Informationen zu zeichnen. Vielmehr geht es bei Rahmenszenarien darum, mehrerer alternativer Zukunftsbilder (Szenarien) zu beschreiben.

Zur Illustration der Qualität von Szenarios in einem Foresight-Prozess stellen wir in der Folge exemplarisch zwei deutlich unterscheidbare Rahmenszenarios vor.

Rahmenszenario A – Ungebremstes Wachstum

In diesem Szenario wird hinsichtlich der demografischen Entwicklung bis zum Jahr 2035 von einem leichten Anstieg der Bevölkerung Österreichs ausgegangen. Bis zum Jahr 2050 wird es, wenn auch nur in geringem Ausmaß, zu einer Abnahme der Bevölkerung kommen. Die Bevölkerungsentwicklung in Österreich stagniert bis 2050 wie in den meisten Ländern Europas auf hohem Niveau. Die Binnenmigration verläuft in Richtung der Ballungsräume. Der Bevölkerungsanteil in den peripheren Regionen schrumpft weiterhin. Die europäische Binnenmarktintegration und die weitere politische Integration Europas gehen schnell voran. Einige der Ballungsräume in Österreich und grenzüberschreitenden Regionen, wie z. B. Wien/Bratislava, zählen 2035, 2050 zu den florierendsten Wirtschaftszentren in Europa.

Die Güterverkehrsnachfrage verdoppelt sich bis 2050 in Österreich und Europa. Aufgrund der weiter fortschreitenden EU-Binnenmarktintegration wird der Güteraustausch auf dem europäischen Markt weiter zunehmen. Auch die Exportleistung Europas – und besonders Österreichs – wird aufgrund der nach wie vor starken Exportorientierung europäischer Volkswirtschaften weiter zunehmen. Zudem bleibt Europa ein großer Markt für Importe aus aller Welt. Die Anlieferung von immer mehr Vorprodukten (global sourcing) und die Material- und Güterströme zwischen den Werkstoren weltweit agierender Unternehmen nehmen weiter zu, da die Fertigungstiefe an den weltweit verteilten Standorten sinkt. Auch der Einzelhandel hat sich bis 2035 weiter hin zu großen Handelsketten und Geschäften verlagert, sodass Güterströme und Lieferverkehre ebenfalls weiter zunehmen.

Die Energie- und Kraftstoffpreise steigen bis 2020 und bis 2035 zunächst nur moderat an. Es gibt keinen radikalen Preisanstieg für Energie- und Treibstoffkosten. Ein industrieller Strukturwandel findet daher noch nicht statt. Die nur langsam ansteigenden Energie- und Kraftstoffpreise können an die Endkunden weitergegeben werden und machen bis 2035 zwar einen höheren, aber immer noch geringen Teil der Produktionskosten aus. Ab 2035 bis 2050 steigen dann die Energie- und Treibstoffkosten doch stärker an. Ein langsamer Strukturwandel, z. B. die stärkere Nutzung von Dienstleistungen statt Produkten und neue Produktions- und Fabrikkonzepte, entwickelt sich. Hafenregionen werden z. B. häufig zu zentralen Standorten für die Produktion, da die Energie- und Treibstoffkosten pro Tonnenkilometer für den Schiffsweg nach wie vor geringer sind als für Schienen- und Straßenwege des europäischen Binnenverkehrs.

Das Transport- und Logistikgewerbe ist in einer Konsolidierungsphase. Zahlreiche kleine Gütertransport- und Logistikunternehmen werden von größeren Unternehmen übernommen. Weltweit verbleiben einige wenige große Logistikkonzerne, die internationale Langstrecken- und überregionale Güterverkehre abwickeln. Logistikunternehmen bilden Allianzen und nutzen Synergien. Koordination und Absprache führt zu einer besseren Bündelung von Fahrten, unter Umständen aber möglicherweise auch zu Kartellbildung und Preiserhöhung. Auf Mittel- und Langstrecken wird der Güterverkehr auf der Schiene bevorzugt. Der Schienengüterverkehr ist bis 2035 nahezu vollständig privatisiert. Logistikkonzepte, die geringe Lagerkapazitäten an den Verkaufs- und Produktionsstätten ermöglichen, sind als maßgeschneiderte Lösungen für produzierende Unternehmen und den Handel nach wie vor attraktiv.

Zwar wird es auf der Verkehrsinfrastruktur deutlich enger, dennoch kann durch den rechtzeitigen Vollausbau und die kontinuierliche Entschärfung von Eng- und Staustellen der Verkehrsfluss optimiert werden. Verbessertes Verkehrsmanagement ermöglicht die optimale Auslastung der Verkehrsinfrastruktur und hilft, Staurisiken zu verringern. Die Kapazitäten für den Gütertransport auf der Schiene und den Binnenwasserstraßen werden weiter ausgebaut. Die vollständige Interoperabilität des europäischen Schienenverkehrs wird noch vor 2035 erreicht. Ab 2020 werden vermehrt Güterschienenverkehrsstrecken (dedicated rail freight transport lines) gebaut und die bestehenden Netze entsprechend aus- oder umgebaut. Die Umstellung auf Nutzerfinanzierung zumindest für den Betrieb der Infrastruktur gelingt bis 2035. Ein gegenüber heute beträchtlich höherer Teil des Mittel- und Langstreckengüterverkehrs kann ab 2035 in Österreich auf der Schiene abgewickelt werden. Mit der Herausbildung großer europäischer Megahubs und Gateways für die Hinterlandverkehre konsolidiert sich auch die Terminalstruktur in Österreich. Einige der Terminals in Österreich werden zu europäischen Gateways in den mittel- und osteuropäischen Raum ausgebaut.

Rahmenszenario B – Trendbruch, Schrumpfung und Regionalisierung

Hinsichtlich der demografischen Entwicklung wird bis zum Jahr 2035 von einem leichten Anstieg der Bevölkerung in Österreich ausgegangen. Bis zum Jahr 2050 kommt es, wenn auch nur in geringem Umfang, zu einer Abnahme der Bevölkerung. Die Bevölkerungsentwicklung in Österreich stagniert bis 2050 wie in den meisten Ländern Europas. 2035 gibt es weniger Menschen im erwerbsfähigen Alter in Österreich. Die Zuwanderung nach Österreich steigt an. Insbesondere Wirtschafts- und Klimaflüchtlinge drängen nach 2035 nach Europa.

Die Temperaturen steigen weltweit schneller als bislang angenommen. Die Regionen und Länder sind hinsichtlich der Regelung der Zuwanderung weitgehend sich selbst überlassen.

Die Güterverkehrsnachfrage, insbesondere im Langstreckengüterverkehr und internationalen Güterverkehr, sinkt. Die europäische Binnenmarktintegration und die Exportleistungen Europas und Österreichs kommen ins Stocken. Das Verhältnis Euro zu US-Dollar verändert sich zuungunsten Europas. Das internationale Kapital wird weltweit weit weniger beweglich als bislang, Absatzkrisen häufen sich, der europäische Binnenmarkt beginnt zu schrumpfen. Exporte werden deutlich teurer. Die Kaufkraft in Europa und Österreich schwindet, dadurch werden auch die Importe nach Österreich weniger. Regionales und besonders lokales Wirtschaften erlebt eine Renaissance. Material- und Güterströme werden wieder regional und lokal. Politisch erstarken damit allerdings auch nationale und regionale Einzellösungen vor europapolitischen Lösungen. Protektionismus, neue Abgaben und Zölle, z. B. in Form von regionalen Verkehrsabgaben, sowie lokale Verordnungen sind ab 2035 an der Tagesordnung.

Die Energie- und Treibstoffpreise sind 2035 auf hohem Niveau. Langstreckentransporte und Transporte zwischen den Ballungsräumen verteuern sich. Transporte innerhalb der Ballungsräume und Regionen werden teilweise öffentlich subventioniert. Regional angebaute und verwendete Biokraftstoffe sowie eine Vielzahl alternativer Konzepte für die Verteilung von Gütern in den Ballungsräumen kehren zurück. Während der Langstreckengüterverkehr von einigen wenigen internationalen Logistikkonzernen abgewickelt wird, werden Transporte im Nahbereich wieder mehr und mehr von Klein- und Kleinstfrächtern durchgeführt. Die Konkurrenz unter ihnen ist erheblich. Zudem entsteht eine neue »Planwagengesellschaft«: Personen produzieren im Kleingewerbe für sich selbst und andere und transportieren und vertreiben auf eigene Rechnung ihre Güter auf lokalen und regionalen Märkten. Bäuerliche Selbstversorgung kehrt als Lebensform zurück.

Die Infrastruktur beginnt an vielen Stellen zu bröckeln. Den zuständigen Akteuren gelingt es mit geringem Budget, die Infrastruktur, so gut es geht, dort noch zu reparieren und instandzuhalten, wo es unbedingt notwendig ist. Innovative, aber teilweise auch tradierte Verfahren, bestehende Infrastruktur kostengünstiger als bisher instandzuhalten, werden genutzt. Die Hochtechnisierung von Infrastruktur in den Jahren bis 2035 wird durch einen gesunden Pragmatismus hinsichtlich der Frage abgelöst, wie eine robuste und kostengünstig zu bewirtschaftende Infrastruktur aussehen sollte. Stillgelegte Strecken im regionalen Schienenverkehr werden wieder in Betrieb genommen. Bestehende Lagerhausstandorte neben dieser Infrastruktur (wie z. B. Raiffeisen) werden als regionale und lokale Verteilzentren revitalisiert.

5.2.6 Vision des österreichischen Güterverkehrssystems 2050

Foresight extrapoliert unter Nutzung verschiedenster Prognosen und Szenarien die Einschätzungen der Vergangenheit und Gegenwart in die nächsten Jahrzehnte. Auf Basis dieses Expertenwissens wurden von den Stakeholdern Zukunftsbilder im Sinne einer Vision des österreichischen Güterverkehrs entwickelt.

Die wünschenswerte Zukunft wurde unter Nutzung unterschiedlichster Instrumente gemeinsam geschaffen. Dieser konstruktivistische Zugang ermöglichte es den Akteuren, die Gegenwart mit neuen Augen wahrzunehmen und entsprechend gestalten zu können. Der Güterverkehr wird durch eine attraktive »beste Zukunft« aus dieser Zukunft her führbar.

Im zweiten Dialogforum wurde diese Vision für den Strukturwandel des österreichischen Güterverkehrssystems im Jahre 2050 entworfen. Die Beteiligten am Dialogforum entwickelten ihre Zukunftsbilder für einen sozioökologischen Strukturwandel des Güterverkehrssystems. Diese Arbeitsergebnisse wurden im Plenum erörtert und angereichert.

Legislative

Bis zum Jahr 2050 hat sich der Prozess der europäischen Integration weiter fortgesetzt. Eine gemeinsame EU-Legislative steuert die europäische Wirtschafts- und Umweltpolitik. Dies ermöglicht ein gemeinsames Vorgehen in Wirtschafts-, aber auch in Umweltfragen und stärkt die europäische Stellung global. Nationale Insellösungen, die zwar lokal vorteilhaft sein können, europaweit jedoch Nachteile mit sich bringen, sind kein Thema mehr. Mit der weiteren politischen Integration der Europäischen Union geht eine Standardisierung einher, die die Effizienz von Produktion und Logistik steigert und den Ressourcenverbrauch reduziert.

Know-how

Weitere Entwicklungen im Bereich Informationstechnologie und Telekommunikation ermöglichen einen fortlaufenden internationalen Know-how-Transfer. Mobile Kommunikationsgeräte ersetzen immer mehr die Notwendigkeit der physischen Anwesenheit bei Verhandlungen und Koordinationsveranstaltungen. Büroarbeiten können jederzeit von zu Hause erledigt werden. Dadurch hat sich der private Verkehr signifikant reduziert. Auch der Güterverkehr hat sich reduziert. Wesentliche Anteile der weltweiten Wertschöpfung werden durch wissensintensive Dienstleistungen in Europa erreicht.

Ökologischer Transport

2050 wird der Hauptteil aller Mittel- und Langstreckentransporte intermodal durchgeführt. Auf allen wichtigen Transportachsen gibt es dem Gütertransport gewidmete Korridore oder Infrastruktur, die eine optimierte gemeinsame Betriebsführung zulässt. Das Problem der Interoperabilität nationaler Bahnen ist gelöst.

Zusätzlich zum starken Anstieg des intermodalen Transports und der damit verbundenen Nutzung von umweltfreundlicheren Verkehrsträgern wurden signifikante Effizienzsteigerungen auf der Straße erzielt. Ein hoher Prozentsatz der Pkw und Lkw fahren elektrisch. Es gibt ein ausgebautes Netz an Stromtankstellen und Überleitungen für den Gütertransport.

Last Mile und privater Verkehr

Im Gegensatz zu Langstreckentransporten ist man im Last-Mile-Bereich immer noch auf Lkw angewiesen. Einzig im urbanen Bereich ergibt sich eine Renaissance von Rohrpostsystemen, sodass viele vor allem kleinere Transporte anders organisiert werden können. Im Personenverkehr haben sich Car-Sharing-Lösungen durchgesetzt. Die Fahrzeuge sind selbstgesteuert und werden häufig zum Gütertransport verwendet.

Logistik

Die Verteillogistik ist 2050 weitgehend zentralistisch organisiert. Dies wurde vor allem durch Auslagerung von Logistikprozessen an Dritte möglich. Gemeinsam sind unter strengen Auflagen der Legislative europaweit überregionale sowie regionale und lokale Verteilzentren (Logistikhubs) entstanden. Der Vorteil großer, überregionaler Hubs ist vor allem, dass sie direkt mit Bahn oder Schiff angefahren werden können. Nach der Konfektionierung der Waren können diese dann auf Milk-Runs zu den Kunden gebracht werden.

Die zentralistische Organisation hat zu einem deutlichen Anstieg der Fahrzeugauslastung und zur Reduktion von Leerfahrten geführt. Verstärkt wird dieser Effekt durch bessere Planung und Organisation in den Haushalten: Waren werden wieder im Voraus bestellt und nur ein- bis zweimal pro Woche angeliefert.

Energie und Verkehr

Die Kosten alternativer Energiegewinnung sind längst nicht mehr höher als die zur Gewinnung fossiler Energie. Hohe Investitionen in die Wasserkraft und andere regenerative Energien haben den Anteil der erneuerbaren Energieträger in Österreich deutlich erhöht. Zusätzlich haben viele private Haushalte und Unternehmen in Sonnenkollektoren und andere Formen dezentraler Energiegewinnung investiert. Besonders regionale und lokale Verteilzentren sind mit dezentraler Energieversorgung nahezu energieautark geworden.

Nach dem Forum wurden diese Elemente der Zukunftsvision sprachlich überarbeitet und als normative Vision für ein nachhaltiges österreichisches Güterverkehrssystem im Jahr 2050 zusammengefasst.

5.2.7 Empfehlungen für Technologie- und Innovations-Roadmaps in Österreich

Roadmap ist ein Synonym für einen Projektplan. Eine Roadmap dient dazu, langfristige Projekte in einzelne, leichter zu bewältigende Schritte zu strukturieren. Technologie-Roadmaps stimmen lang- und kurzfristige Ziele innerhalb eines Entwicklungspfades spezifischer Technologien miteinander ab. Im Mittelpunkt einer Technologie-Raodmap stehen die zentralen Treiber des Wandels im betrachteten Entwicklungsfeld (Abschn. 4.7.1).

Im Folgenden werden die Ergebnisse des letzten Stakeholder-Dialogs dargestellt. Dabei ging es darum, Empfehlungen zu Technologie- und Innovationspfaden für die langfristige Beeinflussung des Langstreckenverkehrs auszusprechen. Die folgenden Entwicklungspfade schienen besonders interessant:

- intelligente Verkehrssysteme,
- intermodale Güterverkehrssysteme,

- grüne Logistik (Green Logistics),
- innovative Infrastruktur.

Intelligente Verkehrssysteme

Intelligente Verkehrssysteme (intelligent transport systems, ITS) beschäftigen sich damit, Informationen zu Verkehrsstärke, Geschwindigkeit etc. unter Nutzung moderner Kommunikationstechnologien über Fahrzeuge und Transportinfrastruktur zu sammeln und zu verteilen. Kapazitätsengpässe sollen so erfasst und gezielt Gegenmaßnahmen ergriffen werden. Die Durchdringung von Verkehrstechnologien mit Informations- und Kommunikationstechnologien (IKT) wird derzeit als einer der wesentlichen Schrittmacher für Technologieentwicklung und Innovation im Verkehrsbereich betrachtet. Von IKT-Systemen und -Komponenten im Verkehr werden wesentliche technische und technisch-organisatorische Lösungsbeiträge mit Blick auf die Erreichung der gesetzten politischen Ziele erwartet:

- Steigerung der Auslastung der Infrastruktur,
- Erhöhung der Ressourceneffizienz von Fahrzeugen,
- ressourcenoptimierende und kosteneffiziente Routenplanung unter Berücksichtigung aktueller und historischer Verkehrscharakteristiken,
- Erhöhung von Sicherheit und Schutz im Verkehrssystem.

Beispiel zu Technologiepfaden im Bereich intelligente Verkehrssysteme

Bis zum Jahr 2035 wird jedes Neufahrzeug mit einem spezifischen Informations- und Kommunikationsmodul ausgestattet sein, das sowohl die Kommunikation zwischen den Fahrzeugen und zwischen Fahrzeugen und Infrastruktur sicherstellt. Durch positionsbezogene Echtzeitinformationen, die auf mobile Endgeräte aufgespielt werden, werden in Zukunft zahlreiche Zusatzdienste möglich. Die Fahrzeuge kommunizieren miteinander und mit der Infrastruktur. 2050 wird der Echtzeitbetrieb eines österreichweiten multimodalen Verkehrsinformationssystems anlaufen. Dieses System wird verkehrsträgerübergreifend sein, also Schnittstellen zu allen Verkehrsträgern aufweisen. Die für ein österreichweites Verkehrsinformationssystem notwendige hohe Rechenkapazität wird mittels Cloud Computing möglich.

Notwendig sind aber auch effiziente Modellierungsalgorithmen und -verfahren.

Im Jahr 2050 sind im hochrangigen Straßen- und Schienennetz, aber auch in regionalen und lokalen Verkehrsnetzen bereits zahlreiche teilautonome und autonome, fahrerlose Fahrzeuge unterwegs. Diese Systeme können die Kapazität der Infrastruktur noch steigern und zudem die Verkehrssicherheit erhöhen. Sicherheitsabstände zwischen Fahrzeugen können z. B. geringer gehalten und die Fahrgeschwindigkeit einem optimalen Fahrzeugdurchsatz angepasst werden. Die entsprechenden technologischen Lösungen (elektronische Deichsel, Platooning) haben sich 2050 auf Straße und Schiene durchgesetzt.

Intermodale Güterverkehrssysteme

Eine der wesentlichen Strategien zur Erreichung der gesetzten politischen Ziele ist es, die Energie- und Ressourceneffizienz im Güterverkehr weiter zu erhöhen. Das bedeutet neben der Effizienzsteigerung der jeweiligen Verkehrsträger eine systematische Verlagerung auf den ressourceneffizientesten Verkehrsträger sowie die Vermeidung von Güterverkehr durch eine deutliche Erhöhung des Auslastungsgrades.

Verbesserte Ressourceneffizienz im Güterverkehr kann durch verbesserte intermodale Güterverkehrsketten erreicht werden. Jeder der Verkehrsträger hat Stärken und Schwächen im Hinblick auf die Art und Weise, wie Güter transportiert und wie viel Ressourcen dafür benötigt werden. Gütertransporte sollten daher nach Art der Güterströme differenziert werden (z. B. Transport von Rohstoffen, Industriegüter, Konsumgüter, Frischwaren etc.).

Der Schienengüterverkehr in Österreich ist heute bereits auf mittleren und langen Distanzen sowie für große Gütermengen attraktiv. Der Binnenschiffverkehr ist trotz der Begrenzung auf österreichische Binnenwasserstraßen für Massengüter (z. B. Metallschrott, Roh- und Reststoffe) interessant. Der Straßengüterverkehr wird auch in Zukunft für Strecken auf den ersten und den letzten Kilometern in der Transportkette unverzichtbar bleiben.

Beispiel zu Entwicklungspfaden im Bereich intermodaler
Güterverkehrssysteme

Bis 2035 haben sich inter- und kommodale Verkehre zur Abwicklung globaler Produktions- und Lieferketten vollständig durchgesetzt. Eine technische Revolution im Güterverkehrssektor wurde mit der Einführung des Containers und dessen Standardisierung erreicht. Auch Wechselaufbauten (ein vom Trägerfahrzeug ablösbarer Ladungsträger) werden zunehmend standardisiert und tragen dadurch zu dieser technischen Revolution erheblich bei. Während sich der Containerverkehr für globale Lieferketten durchgesetzt hat, verbreiten sich Wechselaufbauten im Güterverkehr für Transporte auf dem europäischen Binnenmarkt. Besonders der intermodale Verkehr mit Wechselaufbauten, aber auch der Transport kompletter Güterverkehrsfahrzeuge (rollende Landstraße) wird bis 2035 noch weiter deutlich zunehmen. Bislang vorhandene technische Nachteile von Systemen wie der rollenden Landstraße werden durch technische Verbesserungen und innovative Lösungen ausgeglichen. Von besonderer Bedeutung sind auch intermodale Systeme, die Wechselaufbauten oder das Gesamtfahrzeug aufnehmen, um es dorthin zu bringen, von wo aus eine Verteilung auf den ersten oder letzten Kilometern erfolgen kann.

Grüne Logistik (Green Logistics)

Der Abbau von Handelsbarrieren, die enormen Unterschiede der Arbeitskosten und die nach wie vor geringen Gütertransportkosten waren die entscheidenden Gründe für eine Vielzahl an Produktionsauslagerungen (offshoring) und damit eine Ausdehnung der Produktions- und Lieferketten. Dies hat zu einer deutlichen Erhöhung der Transportdistanzen zwischen den Produktions- und Lagerstandorten sowie zwischen Handel und Endkunden geführt. Der Anstieg des Rohölpreises 2008 auf den historischen Höchststand von rund 200 US-Dollar pro Barrel führte zum teilweisen Überdenken dieser Strategie.

Ressourceneffizienz in Transport und Logistik bedeutet eine Optimierung der Transportketten. Als Leitbild für diesen Technologie- und Innovationspfad wird der Begriff Green Logistics verwendet. Er ist in der Logistikindustrie zwar heute noch ein Schlagwort, gewinnt aber immer mehr konkrete Unterstützer.

Bisherige Supply-Chain-Management- oder kurz SCM-Systeme werden bis 2020 mit anderen Management-, Wissens- und Informationssystemen verknüpft. Entlang der gesamten Produktions- und Lieferkette bilden sich soziale Netzwerke zwischen beteiligten Akteuren, die informationstechnisch entsprechend ausgerüstet sind. Produktions- und Lieferketten werden bis 2035 generell weiter »informatisiert« – immer mehr Daten werden gesammelt, ausgetauscht, ausgewertet und genutzt. Besonders die Bewertung von Transportprozessen hinsichtlich der entlang der Transportkette verursachten CO_2-Emissionen und des Ressourcenverbrauchs gewinnt an Bedeutung. Mit der Eingliederung der Gütertransport- und Logistikindustrie in den EU-Emissionshandel oder einer nationalen CO_2-Steuer wird ab 2020 ein deutlicher Wettbewerbsvorteil für die Green Logistics gegenüber der konventionellen Logistik erwartet.

Beispiel zu Technologiepfaden im Bereich grüner Logistik
Zentrale Technologie- und Innovationsthemen bis 2020 sind Lösungen und Konzepte zur Echtzeitoptimierung von Transportketten sowie Technologien und Konzepte zur Routenplanung und -optimierung (Hardware, Algorithmen etc.), Konzepte zur Positionsbestimmung und reaktiven Ortung, Konzepte zur Visualisierung und Bewertung von Güter- und Materialströmen, Datensicherheit, sowie Konzepte und Lösungen für die letzten und die ersten Kilometer sind als Technologietrends in Güterverkehr und Logistik (Extralogistik) deutlich sichtbar.

Innovative Infrastruktur
Der Begriff Infrastrukturtechnologie ist ein Sammelbegriff, der seit einigen Jahren für technologische Systeme und Komponenten in der Infrastruktur verwendet wird. Infrastrukturtechnologien können einerseits traditionelle bauliche Lösungen sowie Materialien und Baustoffe sein, andererseits aber auch infrastrukturbasierte IKT-Systeme als sog. intelligente Verkehrssysteme. Die Betrachtung der technologischen Weiterentwicklung von Infrastruktursystemen und ihren Komponenten ist in den vergangenen Jahren wieder stärker in den Vordergrund gerückt. Lange galt dieser Technologie- und Innovationsbereich als wenig attraktiv. Zur Lösung spezifischer Problemlagen im Verkehr sind Infrastrukturtechnologien als innovative bauliche und konstruktive Lösungen inzwischen jedoch wieder sehr bedeutsam – insbesondere auch bei der Verfolgung des Ziels, Kosteneinsparungen bei Betrieb und Instandhaltung von Infrastruktur zu erreichen.

Neben dem Schrittmacher IKT hat sich in den vergangenen Jahren auch der Bereich neue Materialien und Werkstoffe als Innovationsmotor im Infrastrukturbereich erwiesen: Kostengünstige, lärmarme und rollwiderstandsreduzierende Straßenbeläge, hochfeste

Schienen und Weichen oder besondere Schwellen- und Unterbauarten für die Schieneninfrastruktur sind aufgrund neuer Materialien und Materialkombinationen möglich geworden. Neue planerische und ingenieurtechnische Konzepte zur Gestaltung der Infrastruktur sind ebenfalls zum Schlüssel von mehr Ressourcen- und Kosteneffizienz im Lebenszyklus von Infrastruktur geworden.

Beispiel zu Technologie- und Entwicklungspfaden im Bereich innovative Infrastruktur

Die Schnittstellen zwischen unterschiedlichen Verkehrsträgern (Schiene, Straße, Wasserweg) sowie zwischen regionalen und europäischen Verkehrsnetzen sind in Europa bis 2035 bereits technologisch so weit optimiert, dass nur noch ein geringer Zeitverlust durch Umladen von einem Verkehrsträger auf den anderen und kaum mehr Zeitverlust und Unterbrechungen beim Umsteigen von einem Verkehrsträger auf den anderen entstehen. Die wirtschaftliche Trennung zwischen Infrastrukturnutzern und -betreiber ist bereits vor 2035 erreicht. Die gemeinsame Infrastrukturentwicklung in der EU geht zwischen 2020 und 2035 bereits weit über die Hauptkorridore (TEN-T) hinaus; ein zusammenhängendes europäisches Gesamtverkehrsnetz wird 2050 erreicht. Genehmigungsverfahren für den Infrastrukturausbau sind europaweit harmonisiert, Bürger werden ab 2020 in Genehmigungsprozesse einbezogen. Bis 2050 wird eine weitgehende Kostenwahrheit (Kapazität/Umweltwirkung) im Verkehrsinfrastrukturbereich erreicht.

Die Verkehrsinfrastruktur wird mit der Energieinfrastruktur verbunden, Verkehrs- und Energienetze werden eng miteinander verknüpft. Zentrale Technologiethemen aus gegenwärtiger Sicht auf dem Weg ins Jahr 2035 sind drahtlose Informations- und Kommunikationssysteme (IKT), z. B. zur Mauterhebung oder zum Verkehrskapazitätsmanagement (z. B. im Alpentransit) sowie Automatisierungssysteme zur Kapazitätserhöhung der bestehenden Infrastruktur (Platooning auf Straße und Schiene).

5.2.8 Fazit und Schlussfolgerungen

Der Foresight-Prozess FVA 2050 war im Vergleich zum Projekt Freightvision Europe von seiner Ausrichtung her ein Technologie- und kein Policy-Foresight-Prozess. Beim Projekt FVE 2050 wurde für den Auftraggeber, die DG TREN, ein Maßnahmenkatalog erarbeitet, wie bestimmte Politikziele auf europäischer Ebene bis zum Jahr 2050 im Langstreckengüterverkehr erreicht werden könnten. Als Politikziele fokussiert wurden die zu diesem Zeitpunkt diskutierten Ziele einer 80-prozentigen Reduktion von CO_2-Emissionen im Verkehrssektor sowie einer 50-prozentigen Reduktion des Energieverbrauchs durch Effizienzsteigerung, insbesondere im Straßengüterverkehr. Darüber hinaus wurde eine deutliche Reduktion (Halbierung) der Staustunden sowie eine Reduktion von Verkehrsunfällen mit Todesfolge und Schwerverletzten avisiert.

Im Foresight-Prozess FVA 2050 wurden diese europäischen Politikziele aufgegriffen, allerdings nicht ohne sie zunächst aus einer österreichischen Perspektive zu diskutieren und um entsprechende relevante Politikziele aus nationaler Sicht zu ergänzen, so z. B. die Einhaltung von Schadstoff- und Lärmemissionsgrenzwerten bei steigender Güterverkehrsleistung sowie die Gewährleistung von Sicherheit und Schutz des Güterverkehrs in Österreich.

Neben den unterschiedlichen Rahmenszenarien entstand durch FVA 2050 eine Vision vom Strukturwandel des österreichischen Güterverkehrssystems 2050. Darin steht der Gütertransport auf der Schiene im Mittelpunkt. Motiviert wird diese Vision im Wesentlichen dadurch, dass die Beteiligten aus technologischer Sicht derzeit kaum eine andere Möglichkeit sehen als die konsequente Verlagerung der steigenden Güterverkehrsnachfrage auf das bereits weitgehend elektrifizierte österreichische Schienennetz. Im Vergleich zu anderen europäischen Mitgliedsstaaten wird dies auch dadurch unterstützt, dass die elektrische Energieversorgung für den Schienenverkehr in Österreich bereits zu einem großen Teil aus regenerativen Energiequellen erfolgt. Im Vergleich dazu standen im Projekt FVE 2050 die Elektrifizierung und besonders die Effizienzsteigerung des Güterverkehrs auf der Straße im Vordergrund. Aus einer europäischen Perspektive ist dies leicht nachzuvollziehen. Nicht jedes EU-Mitgliedsland hat eine so gut ausgebaute und elektrifizierte Schieneninfrastruktur wie beispielsweise Österreich oder die Schweiz.

Nicht nur hinsichtlich der eingeschränkten Möglichkeit, den Stand der Technik über einen langfristigen Zeithorizont bis 2050 vorauszuschauen, wurden die Grenzen von Freightvision Austria 2050 deutlich. Empirische Untersuchungen weisen auf individuelles Lernen und Verständigung zwischen den Beteiligten hin.

Organisationales Lernen und institutionelle Veränderungen lassen sich derzeit als Auswirkung nationaler Foresight-Prozesse schwer nachweisen: Notwendig dafür wäre eine adaptive Übersetzung z. B. der Ergebnisse von FVA in einen Corporate-Foresight-Prozess von Technologieunternehmen wie z. B. Siemens und Infineon oder von Infrastrukturunternehmen wie z. B. ÖBB, ASFINAG etc.

Durch diesen Schritt wäre eine jeweils unternehmens- bzw. organisationsspezifische Reformulierung der Forecasts, der qualitativen und quantitativen Visionen unter Einbeziehung der Rolle der Organisation in diesen Zukunftsbildern ergänzend zur Reformulierung der Backcasting-Szenarien oder Entwicklungs-/Technologiepfade möglich.

Freightvision Austria 2050 lieferte als Ergebnis ein Spektrum möglicher gesellschaftlicher und sozioökonomischer Rahmenszenarien und eine Vision zum Strukturwandel des österreichischen Güterverkehrssystems in 2050. Ein explorativer Dialog zum möglichen Stand der Technik und zu Innovationsmöglichkeiten in 2020, 2035 und 2050 wurde geführt. Relevante Technologie- und Innovationspfade wurden identifiziert und ihr möglicher Verlauf in die Zukunft abgeschätzt. Auf Grundlage der Ergebnisse aus den Zukunftsdialogen können nun weitere Verständigungs- und Abstimmungsprozesse zwischen Akteuren in den entsprechenden Innovationssystemen (»Güterverkehrstechnologien«) angegangen werden. FVA 2050 trug mit einem partizipativ gestalteten Foresight-Prozess über die Zukunft des Güterverkehrs in Österreich wesentlich zum aktuellen Themenfindungsprozess im Güterverkehrsbereich bei. Das Bundesministerium für Verkehr Innovation und Technologie (bmvit) als öffentlicher Auftraggeber wurde über generelle Technologieentwicklungstrends und Innovationsmöglichkeiten orientiert.

Die Ergebnisse des Expertendialogs innerhalb Freightvision Austria 2050 belegen, wie vorteilhaft ein derartiger als Zukunftsdialog gestalteter offener Technologie-Foresight-Prozess sein kann.

6 Guidelines für die Foresight-Anwendung

6.1 Systemtheoretische Verortung des Foresight-Ansatzes

6.1.1 Paradoxie der Zukunftsfestlegung

Wie schon in Kapitel 2 ausgeführt, betrachten wir Foresight als sozialen Prozess, mit dessen Hilfe zukunftsorientierte Entscheidungen in der Gegenwart vorbereitet und getroffen werden können.

Moderne Systeme sind dadurch geprägt, dass Komplexität und Dynamik im gesellschaftlichen, technologischen und wirtschaftlichen Umfeld die individuellen Wahrnehmungs- und Entscheidungskapazitäten einzelner Akteure überfordern. Dies gilt in besonderem Ausmaß für alle Entscheidungen zu langfristigen Zukunftsfragen. Denn hier sind die Entscheidungsträger unweigerlich mit der Paradoxie konfrontiert, das eigene System möglichst erfolgreich auf die Zukunft auszurichten, obwohl die relevanten Entwicklungen unsicher und nicht berechenbar sind. Diese besondere Anforderung an Entscheidungsträger kann als eine Paradoxie des Wechselspiels von Zukunftsfestlegung bei gleichzeitiger Unkalkulierbarkeit des gegenwärtigen Umfeldes beschrieben werden. Das Wesen einer Paradoxie besteht nun darin, dass dieser Widerspruch grundsätzlich nicht auflösbar ist. Die Aufgabe von Entscheidungsträgern besteht unter anderem darin, einen klugen und konstruktiven Umgang mit dieser konstitutiven Paradoxie zu finden (Nagel 2013).

6.1.2 Ein System von der Zukunft her führen

Ein systemtheoretisch verstandener Foresight-Prozess basiert weder auf einer ausschließlich expertengestützten Analyse von Vergangenheitsinformationen noch auf der Illusion einer Plandetermination der Zukunft im Sinne eines *Forecastings*. Zukunft ist für uns eine begründete Eigenkonstruktion eines sozialen Systems. Der Foresight-Prozess erschafft in einem oszillierenden Kommunikationsprozess ein Zukunftsbild für das jeweilige Anliegen, das auf kritisch überprüften Annahmen der Akteure in den verschiedenen beteiligten Systemen beruht. Ein wirksames Zukunftsbild generiert ein Set an Entscheidungsprämissen (Luhmann 2000), die das Handeln eines sozialen

Systems anleitet. Als Ergebnis orientiert sich das betrachtete soziale System (z. B. Unternehmen, Cluster, Sektor, Region, Kommune, Fördersystem) nicht mehr primär an seiner Vergangenheit, sondern richtet sich an einem attraktiven selbsterschaffenen Zukunftsentwurf aus. Das System wird in diesem Verständnis von seiner Zukunft her führbar (Nagel u. Wimmer 2009; Nagel 2013).

6.1.3 Foresight als Format einer systemischen Kontextsteuerung von Open Innovation

In der aktuellen Innovationsforschung wird Foresight als ein vielversprechender Ansatz gesehen, unvorhersehbare, komplexe Entwicklungsdynamiken besser zu verstehen und daraus Zukunftsinterventionen zu entwickeln. In diesem Sinne ist auch Ashbys »Law of Requisite Variety« zu interpretieren, wonach der Varietät – also der Zahl der möglichen Zustände eines Systems – nur durch Varietät begegnet werden soll. Nur komplexe Antworten können komplexe Problemsituationen transformieren: Indem die Vielfalt der Handlungsmöglichkeiten in einem sozialen System gesteigert wird, nimmt die Zahl der relevanten Kontaktpunkte zur Umwelt zu, die in neue Variationen von Strukturen und in die Neudefinition der System-Umwelt-Grenzen münden können (Ashby 1974, S. 48 f.).

Wie kann man im Sinne der Kontextsteuerung »Lernen« in Strukturen einbauen? Willke (2004) meint, es müssten Komponenten erfunden werden, welche die starre Rasterung der Strukturen durchbrechen, ohne dabei tragende Strukturen völlig aufzulösen. Foresight-Prozesse tun genau das und entstehen als Format der Kontextsteuerung dann, wenn sich Politik, Wirtschaft, Forschung und Zivilgesellschaft dazu bereit erklären, Probleme gemeinsam anzugehen und zu lösen.

Foresight ist ein hochkomplexes Interventionskonzept: Ihre Architektur erschafft einen neuartigen Kooperationskontext für Organisationen und Institutionen und unterstützt neben systemübergreifenden Lern- und Willensbildungsprozessen auch Inside-out- und Outside-in-Prozesse im Sinne von Open Innovation.

In normalerweise unsichtbaren Grauzonen zwischen einzelnen »Systemlogiken« (z. B. Wirtschaft, Politik, Forschung etc.) werden Änderungsimpulse identifiziert, ausdifferenziert und nach einem Plausibilitätscheck in den Gestaltungsraum von Entscheidungsträgern in Wirtschaft und Politik gerückt und in ihre Entscheidungsstrukturen integriert.

6.1.4 Synchronisation dreier Sinndimensionen

Foresight ist ein integrierter Kommunikationsprozess, der drei Dimensionen synchron prozessiert: die Logik der Zeitlichkeit der einzelnen Bearbeitungsschritte (Zeitdimension), den Blick auf die Arbeitsfähigkeit des Zusammenspiels der Akteure (Sozialdimension) sowie die Bearbeitung der zentralen inhaltlichen Fragestellungen des Foresight-Prozesses (Sachdimension). Wimmer (2010) konzeptualisiert diese drei Dimensionen mit einem Rekurs auf den Begriff des Sinns, wie ihn Luhmann zum Verständnis aller sinnverarbeitenden Systeme verwendet. Luhmann (1984) unterscheidet die drei Sinndimensionen Sach-, Zeit- und Sozialdimension – eine Unterscheidung, die im Umgang mit hoher Komplexität gerade für das Verständnis von Systemen nützlich und orientierend ist.

Im Kontext sozialer Systeme umfasst die Sachdimension alle Themen sinnhafter Kommunikation (also das »Was« als inhaltlicher Gegenstand des kommunikativen Geschehens). Die Zeitdimension strukturiert das »Wann« des Erlebens und Handelns entlang der Differenz von Vergangenheit und Zukunft. In der Zeitdimension des Sinns geht es darum, bei allen Systementscheidungen sowohl kürzere als auch längere Zeithorizonte mitzudenken. Angesichts der Beschleunigungstendenz in Wirtschaft und Gesellschaft kommt der Zeitdimension gegenüber den anderen Sinndimensionen ein eigenständiges und zunehmendes Gewicht zu. Schließlich beleuchtet die Sozialdimension (»wer mit wem«) die Beziehungsebene und damit die Art und Weise des Miteinanders in einem *Foresight*-Prozess.

Abb. 33: Synchronisierung der drei Sinndimensionen (Nagel 2013)

Sach-, Zeit- und Sozialdimension können nicht isoliert auftreten. Sie stehen unter Kombinationszwang (Luhmann 1984, S. 127). Je nach

Beobachtungsperspektive der Beteiligten treten daher unterschiedliche Kombinationen und Gewichtungen dieser Sinndimensionen auf. Sie prägen, befruchten oder blockieren das Kommunikationsgeschehen. Daher ist eine Aufspaltung dieser Dimensionen im Beratungsgeschehen dysfunktional. Die synchrone Prozessierung der drei Luhmann'schen Sinndimensionen bildet daher ein wichtiges Prinzip in einem Foresight-Prozess (Abb. 33).

6.2 Worauf es in der Praxis ankommt

In diesem Abschlusskapitel werden die zentralen Erfahrungen aus unserer Foresight-Praxis zusammengefasst dargestellt. Was sind die wichtigsten Bausteine, die den Erfolg oder Misserfolg eines Foresight-Prozesses bewirken?

6.2.1 Orientierung an einem sicherheitsstiftenden Phasenmodell

Ein Foresight-Phasenmodell bildet einen roten Faden für den Entwicklungs- und Implementierungsprozess durch die einzelnen Arbeitsschritte und ihre logische Abfolge. Eine solche einfach nachvollziehbare Architektur bewirkt, dass die erhebliche Komplexität eines Foresight-Prozesses besser zu kommunizieren und zu verstehen ist. Die beteiligten Akteure empfinden ein solches Phasenmodell meist als entlastend, weil es eine Aufmerksamkeitsfokussierung zulässt, ohne die Komplexität der Fragestellung zu stark zu vereinfachen (Nagel 2009, S. 15).

Als groben Orientierungsrahmen empfehlen wir das folgende Phasenmodell, das in Kapitel 2 ausführlicher erläutert wurde.

- *Pre-Foresight:* In dieser Vorphase werden die Foresight-Ziele, die einzubindenden Akteure, die für diese Frage besonders geeigneten Methoden erörtert und mit den relevanten Entscheidungsträgern festgelegt. Diese Phase mündet in ein entsprechendes Foresight-Grobkonzept und endet mit einer konkreten Beauftragung einer Projektgruppe bzw. eines Konsortiums.
- *Main-Foresight:* Diese Phase bildet den Kern der Gestaltungsphase: Die Phase der Konzeptentwicklung und Durchführung konkretisiert den Gesamtbogen des Foresight-Prozesses mit einem spezifischen Methodenmix und einzelnen inhaltlichen Meilen-

steinen. Prognosen werden erstellt, Trends identifiziert, Visionen entwickelt und Backwards-Szenarien mit darauf aufbauenden Roadmaps abgeleitet. Neben der inhaltlichen Entwicklung und konkreten Formulierung der Handlungsvereinbarungen bilden die Stakeholder-Dialoge ein zweites Kernelement dieser Phase, die die Einbindung der relevanten Akteure ermöglicht. Ohne fundierte inhaltliche Aufbereitung möglicher künftiger Entwicklungsmuster ergäben sich nur realitätsferne Wunschbilder. Ohne einen kollektiven Willensbildungsprozess hätten die Ergebnisse wenig Umsetzungskraft und -akzeptanz. Wie ausgeführt gewinnen die soziale und die inhaltliche Dimension erst durch eine Synchronisierung ihre Kraft. Für diesen Kommunikationsprozess werden Methoden eingesetzt, die das Lernen von Personen und Systemen befördern. Es wird ein Experimentierraum für neue Denkkombinationen geschaffen. Evidenz- und expertenbasierte Methoden, aber auch interaktionsfördernde und humorvoll-vieldeutige Kreativitätsansätze öffnen einen Raum, in dem Zukunft außerhalb der bestehenden Denkmuster vorstellbar wird.

- *Post-Foresight:* In dieser Phase werden die Ergebnisse in den spezifischen sektoralen und Unternehmenskontexten diskutiert und in maßgeschneiderten Roadmaps und Aktionspläne übersetzt. Das Ergebnis ist eine konkrete Umsetzungsplanung der entwickelten Vorhaben.

6.2.2 Schaffung einer experimentierfreudigen Diskussionskultur

Wie schon ausgeführt, entstand Foresight in den 1950er und 1960er Jahren aus einer technischen Planungstradition heraus. Die Expertenorientierung hat naturgemäß auch heute noch einen großen Stellenwert bei Foresight. Daher sind fast alle Teilnehmer eines Foresight-Prozesses Experten in einer spezifischen Fachdisziplin. Um die verschiedenen Expertisen wirksam werden zu lassen, gilt es eine besondere Arbeitsatmosphäre zu schaffen. Bei nicht wenigen Foresight-Prozessen haben die Schlüsselakteure in der Projektleitung, aber auch die beteiligten Stakeholder wenig Erfahrung mit kreativen und qualitativen Methoden. Foresight kann jedoch nur erfolgreich sein, wenn ein Rahmen geschaffen wird, in dem Interdisziplinarität, internationale Vernetzung, Flexibilität und Experimentierfreudigkeit möglich sind. Analoge Methoden sind manchmal besser als quantitativ-zahlenbasierte Instrumente geeignet, den Diskussionsraum für zukünftige Entwicklungen zu öffnen.

Vorurteile gegenüber »kindischen Kommunikationsspielen« und dem befürchteten »Zwang zur Selbstreflexion« müssen manchmal erst aufgegriffen und relativiert werden, damit solche qualitativen Methoden genutzt werden können. Vor dem Hintergrund der verbreiteten Konferenzsozialisation vieler Teilnehmer muss auch der Boden für interaktivere Methoden der Großgruppenmoderation manchmal erst bereitet werden.

Die gekonnte Verknüpfung von digitalen und analogen Methoden schafft einen Raum, der die Entwicklung eines zugkräftigen Zukunftsbildes wahrscheinlich macht.

Diese Art der Arbeitskultur ist die Basis, um Open-Innovation-Prozesse zu gestalten und dadurch neue Entwicklungen im organisationalen, sektoralen, nationalen oder regionalen Innovationssystem anzustoßen.

6.2.3 Verknüpfung unterschiedlichster Methoden

Die Weiterentwicklung des Foresight-Ansatzes von einer experten- und evidenzbasierten Methode zu einem kooperativen Ansatz bedingt die verstärkte Integration partizipations- und kreativitätsfördernder Methoden in den Planungsprozess. Daten, Statistiken und Modellsimulationen gewinnen ihren Wert erst mit der Interpretation durch die jeweiligen Akteure. Daher werden die nach wie vor zentralen Dokumentenanalysen und Forecasts durch einen breiteren Mix von Methoden angereichert, die individuelles Lernen, Team- und Systemlernen fördern und dadurch einen Strukturwandel oder Paradigmenwechsel anstoßen können, ohne dass man aber der Illusion erliegt, soziale Veränderungen im Miteinander der Akteure seien erzwingbar.

In Stakeholder-Foren werden die relevanten Daten und Perspektiven auf den Prüfstand gestellt. Dabei ist das gezielte Hinterfragen möglicher blinder Flecken ein wichtiges Element bei der Validierung der bisherigen Teilergebnisse. Nur was sich in wiederholten Diskursen zwischen den Akteuren bewährt, findet am »Ende des Tages« Eingang in strategische Entscheidungen und dient somit als Element für die Neuausrichtung oder Nachjustierung vorhandener Strategien, Umsetzungskonzepte und -maßnahmen.

6.2.4 Gestaltung einer differenzierten Projektorganisation

Wie in Kapitel 3 ausgeführt, werden in einem Foresight-Prozess anspruchsvolle Kommunikations-Settings unterschiedlicher sozialer Systeme wie Politik, Forschung, Industrie, Technologie, Zivilgesellschaft etc. verknüpft. Die dafür erforderliche Projektorganisation koordiniert die Verhandlungs- und Entscheidungsprozesse zwischen den unterschiedlichen Akteursgruppen (Interessensvertreter, Konsumenten- und Umweltgruppen, betroffene Unternehmen, Organisationen aus Wissenschaft und Forschung, politische Entscheidungsträger auf unterschiedlichen Ebenen).

Angesichts der vielfältigen und heterogenen Interessen der Akteure kommt der Projektstruktur eines Foresight-Prozesses besondere Bedeutung für das Gelingen zu.

Neben klassischen Rollen der Projektorganisation wie Projektauftraggeber, Projektleiter, Projektkonsortium, Arbeitspaketgruppen und Instrumenten wie Projektstrukturplan Projektdokumentation etc. werden ergänzende Strukturelemente von Beratungsarchitekturen einer Projektorganisation wie z. B. Kerngruppe, Steuerungsgruppe, Stakeholder-Forum, Lessons-Learned-Workshops in die Projektorganisation integriert.

Die wichtigsten Subsysteme einer Foresight-Projektorganisation sind Auftraggeber, Projektkernteam, Projektkonsortium und Stakeholder-Forum.

6.2.5 Sicherstellung der Prozess- und Projektsteuerung

Die zentrale Steuerungsfunktion ist organisatorisch einerseits im Kernteam und andererseits in einem Projektmanagement Board angesiedelt. Ergänzend dazu wird das Projekt durch ein Sounding Board und ein Advisory Board unterstützt.

Kernteam

Das Kernteam besteht meist aus dem Gesamtprojektleiter, einer inhaltlichen Themenautorität, einem Methoden- und einem Prozessexperten/-berater sowie einem für die Eventorganisation verantwortlichen Kernmitglied. Im Unterschied zum Projektmanagement-Board gestaltet das Kernteam seine Kooperationen zu den einzelnen Akteuren innerhalb des Projekts prinzipiell kooperativ, das heißt auf Augenhöhe, um seiner Hauptaufgabe, der Integration von

Inhalt/Beziehung/Zeit im Sinne einer optimalen Zielerreichung, gerecht werden zu können.

Die Steuerungsaufgabe des Kernteams umfasst:

- Entwicklung des Kernteams als Prozesskoordinationsfunktion mit eigener Kooperationskultur,
- maßgeschneiderte Konzeption eines innovativen Methodenmixes, die die unterschiedlichen Expertisen des Projektkonsortiums wirksam werden lässt,
- Konzeption und laufende (Nach-)Steuerung des Gesamtprozesses inklusive Schnittstellenmanagement zwischen allen Akteursgruppen (inklusive Stakeholder-Board),
- Steuerung bei (unvermeidbaren) Prozessturbulenzen.

Projektmanagement-Board

Ergänzend zum Foresight-Kernteam verfügen alle großen europäischen Foresight-Projekte über ein Projektmanagement-Board.

Im Durchschnitt wird ein nationales oder europäisches Projekt von ca. 10 bis 20 unterschiedliche Organisationen (Wirtschaft, Politik, Forschung etc.) getragen. Davon übernehmen ca. sieben Organisationen die Verantwortung für jeweils ein inhaltliches Arbeitspaket. Um die inhaltliche Arbeit dieser Arbeitspakete und die administrative Abwicklung zwischen den Organisationen 1 bis 3 Jahre effektiv steuern zu können, werden vom Projektmanagement-Board, das neben dem Gesamtprojektleiter alle Arbeitspaketleiter umfasst, folgende Aufgaben wahrgenommen:

- Akkordieren des Gesamtzieles mit den Teilzielen,
- Festlegen der Arbeitsmethoden pro Arbeitspaket,
- Festlegen der Verknüpfung und zeitlichen Abfolge einzelner Arbeitsschritte,
- Schnittstellenmanagement zwischen einzelnen Arbeitspaketen und Fachdisziplinen,
- Sicherstellen und Überprüfen der Zielerreichung gemäß Zeitplan,
- Entscheiden über Änderungen des inhaltlichen Konzepts und über die Durchführung entsprechender Verhandlungen mit dem Auftraggeber,
- Entscheiden über Veränderungen in der Ressourcenplanung,
- Durchführen von Risikomanagement.

Sounding Board

Ergänzend dazu empfiehlt es sich, in nationalen Foresight-Prozessen ein Sounding Board mit Auftraggebervertretern einzurichten, um begleitende Lernprozesse der öffentlichen Verwaltung zu initiieren und im Rahmen periodischer Abstimmungsgespräche die Anschlussfähigkeit der Ergebnisse für die Auftraggeber vorzubereiten.

Werden mehrere vergleichbare z. B. sektorale oder organisationale Foresight-Prozesse (z. B. Unternehmen entlang einer Wertschöpfungskette) parallel durchgeführt, ist auch hier das Einrichten eines Sounding Boards, in dem die Unterschiede und »lessons learned« aus den unterschiedlichen Foresights ausgewertet werden, empfehlenswert. Dieser Fall tritt aber eher selten auf.

Advisory Board

In europäischen Projekten ist das Einrichten eines Advisory Board als Instrument zur Qualitätssicherung und zum Risikomanagement »state of the art«. Das Advisory Board übernimmt die inhaltliche Unterstützung der Experten des Projektkonsortiums in der Erreichung der inhaltlichen Projektziele.

Die Mitglieder des Advisory Board sind international anerkannte Experten in Bezug auf die Fragestellung des jeweiligen Foresight-Prozesses.

6.2.6 Wahrnehmung einer inhaltlichen Entwicklungsfunktion

Die inhaltliche Projektarbeit wird von allen Teilnehmern des Projektkonsortiums, das heißt von allen externen und internen Experten der unterschiedlichen Organisationen sowie z. B. internen Funktionen eines Unternehmens, wahrgenommen. Sie besteht darin, vorhandenes Wissen aus dem jeweiligen Sektor und aus der relevanten Forschung aufzubereiten und entlang der jeweiligen Fragestellung des Foresight neu zu verknüpfen. Dabei ist die kontinuierliche Zusammenarbeit der inhaltlichen Schlüsselspieler erfolgskritisch. Erst im Laufe der gemeinsamen Arbeit entsteht das notwendige Vertrauen über die Fachdisziplinen hinweg. Eine regelmäßige Reflexion der Kooperationsqualität sichert die qualitativ hochwertige Arbeit ab und fördert den sozialen und personalen Lernprozess der Beteiligten.

Die Entwicklungsfunktion in einem Foresight-Prozess umfasst:

- Erarbeitung und Aufbereitung der (Zwischen-)Ergebnisse,
- Blick auf den Gesamtprozess anstelle einer Konzentration auf den eigenen Expertenbeitrag,
- Mitwirkung an den einzelnen Stakeholder-Foren (Mitentwicklung des Designs),
- Mitsteuerung des Gesamtprozesses über Review-Meetings nach jedem Forum,
- Auswertung der inhaltlichen Ergebnisse nach jedem Forum und Integration der Erkenntnisse in den weiteren Foresight-Prozess.

6.2.7 Verantwortung für die Implementierung in der Herkunftsorganisation (Umsetzungsfunktion)

Für die Umsetzung der Foresight-Ergebnisse kommt den im Prozess involvierten Stakeholdern die zentrale Rolle zu. Stakeholder in einem Foresight-Prozess sind wie ausgeführt die für die jeweilige Fragestellung relevantesten Personen aus den Sektoren, Politik, Wirtschaft, Wissenschaft, Förderwesen, organisierter Zivilgesellschaft etc.

Durch die intensive und kontinuierliche Arbeit im Stakeholder-Forum findet idealerweise eine Systementwicklung statt: Die einzelnen Stakeholder-Gruppen lernen ihre Partialinteressen zu reflektieren und (meist) in die Gesamtzielsetzung zu integrieren. Es wird erfahren, dass auch bei heterogenen Motivlagen ein gemeinsames Ergebnis erzielbar ist. Die Innovationsfähigkeit des Stakeholder-Systems wird durch die kontinuierliche Entwicklung einer eigenen Kooperationskultur gesteigert.

Ausbau und Intensivierung der persönlichen Kontakte und Kooperationen zwischen den Stakeholdern fördern die weitere Kooperationsfähigkeit auch über den jeweiligen Foresight-Prozess hinaus. In der konkreten Umsetzungsphase fungieren die Stakeholder als Multiplikatoren in ihren Heimatorganisationen und sorgen dafür, dass die getroffenen Vereinbarungen in den verschiedensten Organisationen und Ländern wirksam werden.

Literatur

Abadie, F., M. Friedewald a. M. Weber (2010): Adaptive foresight in the creative content industries. Anticipating value chain transformations and need for policy action. *Science and Public Policy* (1): 37.

Aguilar, F.J. (1967): Scanning the Business Environment. New York (McMillan). In: H. I. Ansoff (1987): Corporate Strategy. London (Penguin), rev. ed.

Ashby, W. R. (1956): An introduction to Cybernetics. New York (Wiley).

Ashby, W. R (1974): Einführung in die Kybernetik. Frankfurt a. M. (Suhrkamp), 2. Aufl. 1985.

Banister, D. (2003): Critical pragmatism and congestion charging in London. *International Social Science Journal* (176): 249–264.

Barreteau, O., M. Antona, P. d'Aquino, S. Aubert, S. Boissau, F. Bousquet, W. Daré, M. Etienne, C. Le Page, R. Mathevet, G. Trébuil a. J. Weber (2003): Our companion modelling approach. *Journal of Artificial Societies and Social Simulation* 6 (2): 1.

Barber, M. P. (2006): Wildcards. Signals from a Future Near You. In: *Journal of Future Studies* 11.

Brown, J., D. Isaacs a. M. J. Wheatley (2005): Shaping Our Futures Through Conversations That Matter. San Francisco (Berrett-Koehler).

Cairncross, F. (1997): The Death of Distance. How the Communications Revolution Is Changing Our Lives. Cambridge, MA (Harvard Business School Press).

Cairncross, I. (2007): Historical Overview of Foresight. Evolving Rationales and STI Policy Approaches. Presentation of the Director of Phylos International Political Economy & Strategic Foresight. Quebec (Slides).

Cassingena Harper, J. (2003): The Internationalization of Science and Technology Policy. Malta Case Study. In: S. Borras a. P. Biegelbauer (eds): Innovation Policies in Europe and the US. The New Agenda (Ashgate).

Cassingena Harper, J. a. L. Georghiou (2005): The Targeted and Unforeseen Impacts on Innovation Policy. The FORESEE Malta Case Study. *International Journal of Foresight and Innovation Policy* 2 (1): 84–103.

Collins, J., J. Porras (1994): Built to Last. New York (Harper Collins).

Coromina, L., J. Guia, G. Coenders a. A. Ferligoj (2008): Doucentered networks. *Social Networks* 30 (1): 45–59.

Cuhls, K. (2000): Wie kann ein Foresight-Prozess in Deutschland organisiert werden? Bonn (Friederich-Ebert-Stiftung).

De Shazer, S. (1989): Der Dreh. Überraschende Wendungen und Lösungen in der Kurzzeittherapie. Heidelberg (Carl-Auer), 12. Aufl. 2012.

De Shazer, S. (2009): Worte waren ursprünglich Zauber. Von der Problemsprache zur Lösungssprache. Heidelberg (Carl-Auer), 3. Aufl. 2012

European Commission (2007): Freight Transport Logistics Action Plan – Impact Assessment. SEC. 1320. [dt.: Aktionsplan Güterverkehrslogistik.

Verfügbar unter http://eur-lex.europa.eu/LexUriServ/LexUriServ.do?uri= COM:2007:0607:FIN:DE:PDF (13.6.2013).]

European Commission (2008): Action Plan for the Deployment of Intelligent Transport Systems in Europe – Impact Assessment. SEC. 3083. Available at: http://eur-lex.europa.eu/LexUriServ/LexUriServ.do?uri= SEC:2008:3083:FIN:EN:PDF (13.6.2013).

European Commission (2008): European Energy and Transport – Trends to 2030: update 2007. Luxembourg (Office for Official Publications of the the European Communities); European Communities, 2008. Available at: http://bookshop.europa.eu/en/european-energy-and-transport-pbKOA C07001/ (13.6.2013).

Eickhof, P. a. S.G. Geffers (2006): Power of Imagination Studio. A Further Development of the Future Workshop Concept. In: P. Holman, T. Devane a. S. Cady (eds): The Change Handbook. The Definitive Resource. Sidney (ReadHowYouWant), 2012.

Erler, H. u. D. Wilhelmer (2010): Swarovski. Mit Netzwerken Innovationsprozesse steuern. In: S. Ili (Hrsg.): Open Innovation. Düsseldorf (Symposion).

Eriksson E. A. a. M. Weber (2008): Adaptive Foresight. Navigating the complex landscape of policy strategies. FOI Defence Analysis. *Technological Forecasting & Social Change* 75 (4): 462-482.

Fahey, L. a. R. Randall (eds.) (1998): Learning from the Future. Competitive Foresight Scenarios. New York (Wiley).

Falchetto, P., J. Miles u. M. Keenan (2002): Praktischer Leitfaden für die regionale Vorausschau in Österreich. In: Europäische Kommission (Hrsg.): FTE Info, S. 66. Verfügbar unter: http://ec.europa.eu/research/social-sciences/ pdf/cgrf-austria_at.pdf (13.6.2013).

Farmer, J. D. a. D. Foley (2009): The economy needs agent-based modelling. *Nature* 460 (7256): 685–686.

Feldman, R. a. J. Sanger (2006): The Text Mining Handbook. Cambridge (University Press).

Fern, E. F. (1982): The Use of Focus Groups for Idea Generation. The Effects of Groups Size. Acquaintanceship and Moderator on Response Quantity and Quality. *Journal of Marketing Research* (19): 1–13.

Foerster, H. v. u. B. Pörksen (1998): Wahrheit ist die Erfindung eines Lügners. Gespräche für Skeptiker. Heidelberg (Carl-Auer), 9. Aufl. 2011.

Foerster, H. v. (1993): KybernEthik. Berlin (Merve).

Foerster, H. v. (1985): Entdecken oder Erfinden? In: A. Mohler u. H. Gumin (Hrsg.): Einführung in den Konstruktivismus. Veröffentlichungen der Carl Friedrich von Siemens Stiftung. München (Piper).

Garcia, M. L. , O. H. Bray (1997): Fundamentals of Technology Roadmapping. Strategic Business Development. Conference Paper SAND97-0665. Albuquerque (Sandia National Laboratories).

Gavigan, J. P. a. E. Cahill (1997): Overview of recent european and non-european national techology foresight studies. Sevilla (Institute for Prospective Technological Studies).

Gavigan, J. P. a. F. Scapolo (1999): Comparison of National Foresight Programmes. Matching methods to the mission. Sevilla (Institute for Prospective Technological Studies).

Gavigan, J., M. Ottitsch a. C. Greaves (1999): Demographic and social trends panel report. Brussels (European Commission).

Gavigan, J. P. a. F. Scapolo (2001): Foresight and the Long-Term View for Regional Development. Sevilla (Institute for Prospective Technological Studies).

Gavigan, J. P., F. Scapolo, M. Keenan, I. Miles, F. Farhi, D. Lecoq, M. Capriati a. T. Di Bartolomeo (2001): A Practical Guide to Regional Foresight. Brussels (European Commission).

Georghiou, L, J. Cassingena Harper, M. Keenan, I. Miles a. R. Popper (2008): The Handbook of Technology Foresight. Concepts and Practice. Cheltenham (Edward Elgar).

Georghiou, L., J. Cassingena Harper, P. Cooke, S. Cozzens, A. Dearing, L. Henriques, J. Langer, P. Laredo, L. Sanz Menendez a. M. Weber (2008): Challenging Europe's Research. Rationales for the European Research Area (ERA). Report of the ERA Expert Group. Brussels (European Commission).

Giesecke, S. (2009): Partizipation und prospektive Methoden der Politikunterstützung und Strategieentwicklung. In: K. H. Leitner, M. Weber u. J. Fröhlich (Hrsg.): Innovationsforschung und Technologiepolitik in Österreich. Neue Perspektiven und Gestaltungsmöglichkeiten. Innsbruck (Studienverlag).

Glenn, J. a. T. J. Gordon (2002): Futures Research Methodology. AC/UNU Millennium Project. Washington, D. C. (American Council for the United Nations University).

Glenn, J. a. T. J. Gordon (2002): The Futures Group International. Relevance Tree and Morphological Analysis – Chapter 12. In: J. Glenn a. T.J. Gordon (eds.): Futures Research Methodology – AC/UNU Millennium Project. Washington, D. C. (American Council for the United Nations University).

Godet, M. (1991): L'avenir Autrement. Paris (Armand Colin).

Godet, M. (1993): From Anticipation to Action. A Handbook of Strategic Prospective. Paris (UNESCO).

Godet, M. (1993): The Scenario Method, from Anticipation to Action. In: A. Godet: Handbook of Strategic Prospective. Paris (UNESCO).

Gredler, M. (1992): Designing and Evaluating Games and Simulations. A Process Approach. London (Kogan Page).

Grossmann, R., H. Lobnig u. K. Scala (2007): Kooperationen im Public Management. Theorie und Praxis erfolgreicher Organisationsentwicklung in Leistungsverbünden, Netzwerken und Fusionen. Weinheim (Juventa).

Grupp, H. (1995): Der Delphi-Report. Innovationen für unsere Zukunft. Stuttgart (Deutsche Verlags-Anstalt).

Guion, L. A. (2010): A 10-Step Process for Environmental Scanning. *Journal of Extension* (48): 4IAW2.

Gupta, V. a. G. S. Lehal (2009): A Survey of Text Mining Techniques and Applications. *Journal of Emerging Technologies. Web Intelligence* (1): 60–76.

Hamel, G. u. C. K. Prahalad (1997): Wettlauf um die Zukunft. Wie Sie mit bahnbrechenden Strategien die Kontrolle über Ihre Branche gewinnen und die Märkte von morgen schaffen. Wien (Ueberreuter).

Hax, C. C. u. N. S. Majluf (1991): Strategisches Management. Ein integriertes Konzept aus dem MIT. Frankfurt (Campus).

Helmreich, S., J. Düh, K. Kubeczko a. D. Wilhelmer (2010): Foresight Process. In: S. Helmreich u. H. Keller (Hrsg.): FREIGHTVISION – Sustainable European Freight Transport 2050. Forecast, Vision and Policy Recommendation. Berlin (Springer), 2011.

Hill, T. a. R. Westbrook (1997): SWOT Analysis. It's Time for a Product Recall. *Long Range Planning* (30): 46–52.

Huxham, C. a. S. Vangen (2002): Enacting Leadership for Collaborative Advantage. University of Strathclyde Business School. *Working Paper Series*19R.

Iandoli, L., C. Ponsiglione, E. Marchione a. G. Zollo (2012): Knowledge exchange processes in Industrial Districts and the emergence of networks. *Central European Journal of Operations Research* 20 (2): 231-250.

Jackson, M. (2011): Practical Foresight Guide – Chapter 3: Methods. Available at: http://shapingtomorrowmain.ning.com.

Jungk, R. a. N. Müller (1987): Future Workshops. How to Create Desirable Futures. London (Institute for Social Inventions).

Kappel, T. A. (2001): Perspectives on Roadmaps. How Organizations Talk about the Future. *Journal of Product Innovation Management* (18): 39–50.

Kaufmann, A. (2009): Organisationsformen der Zusammenarbeit von Wissenschaft und Wirtschaft in Österreich. In: K. H. Leitner, M. Weber u. J. Fröhlich (Hrsg.): Innovationsforschung und Technologiepolitik in Österreich. Neue Perspektiven und Gestaltungsmöglichkeiten. Innsbruck (Studienverlag).

Keenan, M. (2000): An Evaluation of the Implementation of the UK Technology Foresight Programme. Professorial Dissertation, Faculty of Economic and Social Studies. Manchester (University of Manchester).

Kiesling, E., M. Günther, C. Stummer a. L. Wakolbinger (2012): Agent-based simulation of innovation diffusion. A review. *Central European Journal of Operations Research* 20 (2): 183–230.

Kim, W. C. u. R. Mauborgne (2005): Der Blaue Ozean als Strategie. Wie man neue Märkte schafft, wo es keine Konkurrenz gibt. München (Hanser).

Königswieser, R. u. M. Keil (Hrsg.) (2000): Das Feuer großer Gruppen. Konzepte, Designs, Praxisbeispiele für Großveranstaltungen. Stuttgart (Klett-Cotta).

Korber, M. (2012): Agent-Based Modelling of Complexity in Life Sciences. With a special emphasis on the impact of public funding on research activities (Doctoral work). Vienna (Austrian Institute of Technology GmbH and Vienna University of Economics and Business).

Kubeczko, K. N. (2003): Innovation und Unternehmertum in der österreichischen Forstwirtschaft. Wien (Institut für Sozioökonomik der Forst- und Holzwirtschaft).

Kubeczko, K. N. (2009): i2v – Intermodalität und Interoperabilität von Verkehrssystemen. Projektantrag für eine Studie für einen partizipativen Foresight-prozess, finanziert im Rahmen der 3. Ausschreibung der Programmlinie 12v. Wien.

Kuhnt, B. u. N. R. Müller (2004): Moderationsfibel. Zukunftswerkstätten verstehen, anleiten, einsetzen. Neu-Ulm (AG Spak), 3. Aufl.

Lazarsfeld, P. F. a. R. K. Merton (1950): Continuities in social research. Studies in the scope and method of „The American soldier". Glencoe, IL (Free Press).

Leitner, K. H., M. Weber u. J. Fröhlich (2009): Innovationsforschung und Technologiepolitik in Österreich. Neue Perspektiven und Gestaltungsmöglichkeiten. Innsbruck (Studienverlag).

Leitner, K. H. (2009): „Open Innovation" und „User Innovation". Grundlagen und Perspektiven für Österreich. In: K. H. Leitner, M. Weber u. J. Fröhlich (Hrsg.): Innovationsforschung und Technologiepolitik in Österreich. Neue Perspektiven und Gestaltungsmöglichkeiten. Innsbruck (Studienverlag).

Leijonhufvud, A. (2006): Agent-Based Macro. In: L. Tesfatsion a. K. Judd (eds.): Handbook of computational economics, Vol. 2: Agent-based computational economics. Amsterdam (North-Holland): p. 1625–1637.

Levin, M. S. (2006): Composite Systems Decisions. New York (Springer).

Luhmann, N. (1984): Soziale Systeme. Grundriss einer allgemeinen Theorie. Frankfurt am Main (Suhrkamp), 2. Aufl. 1985.

Luhmann, N. (2000): Organisation und Entscheidung. Opladen (Westdeutscher Verlag).

Markowitz, H. M. (1952): Portfolio Selection. *Journal of Finance* (7): 77–91.

Martin, B. a. J. Irvine (1989): Research Foresight. Priority Setting in Science. New York (Pinter).

Martin, B. (2001): Technology Foresight. In a rapidly growing economy. Brighton (University of Sussex).

Mayer, I. a. H. Mastik (2007): Organizing and Learning through Gaming and Simulation. Proceedings of the 38th conference of the International Simulation and Gaming Association (ISAGA), July 9–13, 2007, Nijmegen. Delft (Uitgeverij Eburon).

Meyer-Rühle, O., S. Rommerskirchen a. K. Stefan (2009): Identification of Conflict Between Forecasts and Preliminary Targets. FREIGHTVISION – Deliverable 5.3. Funded by the European Commission 7th RTD Programme. Project report, Brussels (European Commission).

Meyer-Rühle, O. (2010): Socio-Economic Mega Trends and resultant Freight Transport Demand. ProgTrans AG. Ergebnispräsentation im Rahmen der FVE 2050-Abschlusskonferenz in Brüssel 2010. In: Meyer-Rühle, O (2011): FREIGHTVISION – Sustainable European Freight Transport 2050. Forecast, Vision and Policy Recommendation. Berlin (Springer).

Miles, I. (2003): Foresight Methodology. In: L. Georghiou, J. C. Harper, M. Keenan, I. Miles a. R. Popper (eds.): The Handbook of Technology Foresight. Concepts and Practice. Northampton, MA (Edward Elgar).

Minx, E. u. E. Böhlke (1995): Szenarien. Denken in alternativen Zukünften. *Spektrum der Wissenschaft* 12: 101 f.

Mitchell, J. C. (1969): The concept and use of social networks. In: J. C. Mitchell (eds.): Social networks in urban situations. Manchester (University Press).

Morgan, D. L. (1996): Focus Groups. *Annual Review of Sociology* (22): 129–152.

Morgan, D. L. (1997): Focus Groups as Qualitative Research. London (Sage).

Müller, A. W. u. G. Müller-Stewens (2009): Strategic Foresight. Trend- und Zukunftsforschung in Unternehmen. Instrumente, Prozesse, Fallstudien. Stuttgart (Schäffer-Poeschel).

Nagel, R. (2009): Lust auf Strategie. Workbook zur systemischen Strategieentwicklung. Stuttgart (Klett-Cotta).

Nagel, R. u. R. Wimmer (2011): Systemische Strategieentwicklung. Modelle und Instrumente für Berater und Entscheider. Stuttgart (Klett-Cotta).

Nagel, R. (2013): Die Zukunft erfinden. Über die Neuerfindung einer Organisation auf der internationalen Bühne. In: T. Schumacher (Hrsg.): Professionalisierung als Passion. Aktualität und Zukunftsperspektiven der systemischen Organisationsberatung. Heidelberg (Carl-Auer).

Notten, P., A. M. Sleegers a. M. Asselt (2005): The Future Shocks. On Discontinuities and Scenario Development. *Technological Forecasting and Social Change* (72): 175–945.

OECD/ITF (2008): Transport outlook 2008. Focusing on CO_2 emissions from road. Joint Transport Research Centre of the OECD and the International Transport Forum. Discussion Paper No. 2008-13. Available at: http://www.internationaltransportforum.org/jtrc/DiscussionPapers/DP200813.pdf (13.6.2013)

Owen, H. (2001): Open Space Technology. Ein Leitfaden für die Praxis. Stuttgart (Klett-Cotta).

Osterwalder, A. u. Y. Pigneur (2011): Business Model Generation. Ein Handbuch für Visionäre, Spielveränderer und Herausforderer. Frankfurt (Gabler).

Squazzoni, F. (2010): The impact of agent-based models in the social sciences after 15 years of incursions. History of Economic Ideas. Available at: http://www2.econ.iastate.edu/tesfatsi/ABMHistory.FSquazzoni.2010.pdf (13.6.2013).

Phaal, R., C. Farrukh a. D. Probert (2001): Technology Roadmapping. Linking Technology Resources to Business Objectives. Cambridge (University of Cambridge, Centre for Technology Management).

Pillkahn, U. (2007): Trends und Szenarien als Werkzeuge zur Strategieentwicklung. Wie sie die unternehmerische und gesellschaftliche Zukunft planen und gestalten. Erlangen (Publicis).

Porter, M. (1983): Wettbewerbsstrategie. Frankfurt/Main (Gabler).

Porter, M. (1986): Wettbewerbsvorteile. Frankfurt/Main (Gabler).

Popper, R. (2008): Foresight methodology. In: L. Georghious, J. Cassingena Harper, M. Keenan, I. Miles a. R. Popper (eds.): The handbook of technology foresight. Concepts and practice. Cheltenham (Edward Elgar).

Rauch, W. (1979): The Decision Delphi. *Technological Forecasting and Social Change* 15 (2): 159–169.

Reagan-Cirincione, P., S. Schuman, G. P. Richardson a. S. A. Dorf (1991): Decision Modeling. Tools for Strategic Thinking. *Interfaces* (21): 52–65.

Ritchey, T. (2006): Problem Structuring Using Computer-Aided Morphological Analysis. *Journal of* the Operational Research Society 57 (7): 792–801.

Ronis, S. R. (2007): Timelines into the Future. Strategic Visioning Methods for Government, Business and other Organisations. Falls Village, CT (Hamilton Books).

Ruff, F. (2004): Society and Technology Foresight in the Context of a Multinational Company. In: EU-US Seminar. New Technology Foresight, Forecasting & Assessment Methods. Key Note Presentation, Seville, 13–14 May 2004. Available at: http://foresight.jrc.ec.europa.eu/fta/papers/Keynotes/Society%20and%20Technology%20Foresight.pdf (13.6.2013).

Saaty, T. L. (1990): Multicriteria Decision Making – The Analytic Hierarchy Process. Planning, Priority Setting, Resource Allocation. Pittsburgh, PA (RWS).

Schartinger, D., D. Wilhelmer, D. Holste a. K. Kubeczko (2012): Assessing immediate learning impacts of large foresight processes. *Foresight Journal* 14 (1): 41–55.

Scherngell, T. (2003): Foresight-Techniken als Instrumentarium zur Gestaltung der österreichischen Technologie- und Innovationspolitik. *Seibersdorf research Report* ARC—S-0199.

Schmidt, G. (2004): Liebesaffären zwischen Problem und Lösung. Hypnosystemisches Arbeiten in schwierigen Kontexten. Heidelberg (Carl Auer), 5. Aufl. 2013.

Schmiele, J. (2010): Forecasts in Freightvision. TRANSVER GmbH. Ergebnispräsentation im Rahmen der Abschlusskonferenz von FVE 2050. Brüssel (Europäische Kommission).

Schumacher, T. (2013): Professionalisierung als Passion. Aktualität und Zukunftsperspektiven der systemischen Organisationsberatung. Heidelberg (Carl-Auer).

Schwartz, P. (1991): The Art of the Long View. Planning for the Future in an Uncertain World. New York (Doubleday).

Schiebel, E. (2012): Visualization of research fronts and knowledge bases by three-dimensional areal densities of bibliographically coupled publications and co-citations. *Scientometrics – Journal for quantitative Aspects of the Science of Science* 91 (2): 557–566.

Seibt, S., D. Wilhelmer u. K Kubeczko et. al. (2012): ivZplus Freightvision Austria – Foresight 2050. Zukunft des Güterverkehrs in Österreich. Eine Studie finanziert im Rahmen der 3. Ausschreibung der Programmlinie 12v. Wien.

Seliger R. (2008): Einführung in Großgruppen-Methoden. Heidelberg (Carl-Auer).

Simon, F. B. (2004): Gemeinsam sind wir blöd!? Die Intelligenz von Unternehmen, Managern und Märkten (Carl Auer Verlag, Heidelberg 2004).

Simon, F. B. (2012): Einführung in Systemtheorie und Konstruktivismus. (Carl-Auer), 6. Aufl.

Slaughter, R. A. (1990): Assessing the QUEST for Future Knowledge. Signifi-cance of the Quick Environmental Scanning Technique for Futures. *Futures* (22): 153–166.

Slaughter, R.A. (1995): The Foresight Principle. Cultural recovery in the 21st century. London (Adamantine).

Slaughter, R. A. (2002): Future studies as a civilitational catalyst. *Futures* 34: 349–363.

Slaughter, R. A. (2002): Where now for future studies. *Futures* 34: 229–232.

Sparrer, I. u. M. Varga v. Kibéd (2000): Ganz im Gegenteil. Heidelberg (Carl-Auer), 7. Aufl. 2011.

Sparrer, I. (2002): Wunder, Lösung und System. Lösungsfokussierte Syste-mische Strukturaufstellungen für Therapie und Organisationsberatung. Heidelberg (Carl-Auer), 5., überarb. Aufl. 2009.

Spies, P. H. (1991): Formulating the Mess. Environmental Scanning. Cape Town (University of Stellenbosch, Institute for Futures Research, Business Futures), p. 19–24.

Srivastava, A., M. Sahami (2009): Text Mining. Classification, Clustering, and Applications. Boca Raton (CRC).

Stern, N. (2009): A Blueprint for a Safer Planet. How to Manage Climate Change and Create a New Era of Progress and Prosperity. London (Bodley Head).

Stern, N. (2007): The Economics of Climate Change. The Stern Review. Cam-bridge (University Press).

Strobl, R. (2000): Die Delphi-Methode. Wien (Universität Wien).

Stout, L. (2011): Collective Visioning. How Groups Can Work Together for a Just and Sustainable Future San Francisco (Berrett-Koehler).

Sydow, J. u. A. Windeler (2000): Steuerung von Netzwerken. Konzepte und Praktiken. Wiesbaden (Westdeutscher Verlag).

Tesfatsion, L. (2006): Agent-based computational economics. A constructive approach to economic theory. In: L. Tesfatsion a. K. L. Judd (eds.): Handbook of Computational Economics. Agent-Based Computational Economics (2). Amsterdam (Elsevier), 13th ed., 831–880.

Thompson, J. (2002): Strategic Management. Awareness and Change. London (Chapman & Hall).

Ulrich, H. (1987): Unternehmenspolitik. Bern (Haupt).

UNIDO (2005): UNIDO Technology Foresight Manual – Organization and Me-thods. Vol 1. Vienna (United Nations Industrial development Organization). Available at: https://www.unido.org/foresight/registration/dokums_raw/volume1_unido_tf_manual.pdf (13.6.2013).

Weihrich, H. (1982): The TOWS Matrix. A Tool for Situational Analysis. *Journal of Long Range Planning* (15): 12–14.

Whitelegg, K. a. J. Cassingena-Harper (2008): Monitoring of the European dimension of research policies. Inception Report. Brussels (ERAWATCH Network).

Wikipedia (2013): Verfügbar unter: http:// en.wikipedia.org/wiki/Text_mining (13.6.2013).

Wikipedia (2013): Verfügbar unter: http://en.wikipedia.org/wiki/Focus_group (13.6.2013).

Wikipedia (2013): Verfügbar unter: http://en.wikipedia.org/wiki/Future_workshop (13.6.2013).

Wilhelmer, D. (2009): Erinnerung an eine bessere Zukunft. Syntax für eine komplementäre Innovationsberatung. Heidelberg (Carl-Auer).

Wilhelmer, D. (2012): Komplementärer Foresight. Ein neuartiges Instrument zum Steuern von Open Innovation Prozessen. In: S. Ili (Hrsg.): Innovation Exzellenz. Wie Unternehmen ihre Innovationskraft systematisch steigern. Düsseldorf (Symposion Publishing).

Wilhelmer, D., H. Erler, P. Wagner a. B. Streicher (2012): NETWORK Setups driving social innovation. Discussion Paper ZSI, Nr. 29. Wien (Austrian Institue of Technology).

Wilhelmer, D., J. Erler a. J. Zimmermann (2013): Innovation Network. An Integrated Organizational Structure for Organizational and Management Learning. In: The Future of Learning in Management and Organizations. Charlotte, NC (Information Age Publishing).

Willke, H. (2004): Einführung in das systemische Wissensmanagement. Heidelberg (Carl-Auer), 3., überarb. u. erw. Aufl. 2011.

Wimmer, R. (2004): Organisation und Beratung. Systemtheoretische Perspektiven für die Praxis. Heidelberg (Carl-Auer), 2., erw. Aufl. 2012.

Wooldridge, M. a. N. Jennings (1995): Intelligent agents. Theory and practice. *Knowledge Engineering Review* 10 (2): 115–152.

Zook, C. (2001): Profit from the core. A Return to Growth in Turbulent Times. Boston (Harvard Business Review Press).

Zwicky, F. a. A. Wilson (1967): New Methods of Thought and Procedure. Contributions to the Symposium on Methodologies. Passadena, CA May 22–24, 1967. New York (Springer).

Über die Autoren

Doris Wilhelmer, Mag. Dr., ist Innovations-
forscherin und systemische Innovations-
beraterin am *Austrian Institute of Technology* (AIT, Department Foresight and Policy Development) in Wien. Ergänzend zu
ihrer 10-jährigen Forschungserfahrung
verfügt sie über langjährige Managemen-
terfahrung in unterschiedlichen Dienst-
leistungs- und IT-Organisationen sowie
über zahlreiche Ausbildungen in systemischer Beratung (z. B. Gruppendynamik,
systemische Organisationsberatung, Fa-
milientherapie, hypnosystemische Interventionen, Organisationsstrukturaufstellungen etc.).

Schwerpunkte: partizipative, komplementäre Foresight-Prozesse
für Unternehmen, Städte, Nationen, Sektoren; Konzipieren, Imple-
mentieren und begleitende Wirkungsanalyse unternehmensinterner
und organisationsübergreifender Open-Innovation-Netzwerke und
Living-LAB-Architekturen. Lehrtätigkeit an Universitäten, Fachhoch-
schulen sowie im Rahmen der Erwachsenenbildung.

AIT Austrian Institute of Technology GmbH
Donau-City-Straße 1
A-1220 Wien
Tel. +43 (0) 50550-4527
www.ait.ac.atdoris.wilhelmer@ait.ac.at

Reinhart Nagel, Dr., ist Partner der osb international Consulting AG; Dozent in inner- und überbetrieblichen Veranstaltungen rund um das Thema Strategie- und Zukunftsentwicklung; Lehrtätigkeiten an verschiedenen Universitäten; Autor mehrerer Fachbücher.

Reinhart Nagel unterrichtet die Themenschwerpunkte Strategie, Organisationsdesign und Führungsstrukturen in internationalen Unternehmen und Organisationen. Seine Beratungsschwerpunkte sind die Begleitung von Managementteams bei der Entwicklung von strategischen Ausrichtungen und deren Verankerung im Unternehmen.

osb international Consulting AG
Volksgartenstraße 3/1. Dachgeschoss
A-1010 Wien
Tel. +43–1-5260813
www.osb-i.com
reinhart.nagel@osb-i.com

Peter M. Senge | Bryan Smith | Nina Kruschwitz |
Joe Laur | Sara Schley

Die notwendige Revolution

Wie Individuen und Organisationen zusammenarbeiten, um eine nachhaltige Welt zu schaffen

464 Seiten, Gb, 2011
ISBN 978-3-89670-790-1

Klimawandel, Finanzkrisen, Energieversorgung – die bestehenden und drohenden Krisen des Industriezeitalters fordern jeden Einzelnen zum Umdenken auf. Wie kann der notwendige radikale Wandel gelingen, der zu einem nachhaltigen Wirtschaften führt?

Peter Senge und seine Kollegen von der MIT Sloan School of Management stellen in diesem Buch erfolgreiche Vorreiter des Wandels vor, die mit innovativen Ansätzen und Partnerschaften bereits an der kreativen Gestaltung einer nachhaltigen Welt arbeiten. Die Beispielgeschichten von Coca-Cola bis BMW zeigen, dass nachhaltiges Handeln kein karitatives Unterfangen ist, sondern ein notwendiges Gebot für Unternehmen, die auch in Zukunft erfolgreich und konkurrenzfähig bleiben wollen.

Die Beispiele werden ergänzt durch Tools zur Strategieplanung sowie praktische Anleitungen für erfolgreiche Veränderungsinitiativen und den Aufbau von Unternehmensnetzwerken. Aus dieser Kombination entsteht ein unentbehrliches Handbuch für alle, die eine nachhaltige Welt für uns und unsere Nachkommen schaffen wollen.

„Dieses Buch beschreibt schonungslos die Herausforderung, die sich aus dem Wettlauf mit der ökologischen Krise ergibt. Zugleich ist es ein ermutigendes Werk: Es zeigt, dass die große Transformation bereits begonnen hat, und es führt uns vor Augen, dass Nachhaltigkeit und Wohlstand, Schutz der Gemeingüter und ökonomischer Erfolg Hand in Hand gehen können." Ralf Fücks, Vorstand Heinrich-Böll-Stiftung

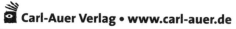
Carl-Auer Verlag • www.carl-auer.de

Claus Otto Scharmer

Theorie U – Von der Zukunft her führen

Presencing als soziale Technik

526 Seiten, 63 Abb., Gb
3., unveränd. Aufl. 2013
ISBN 978-3-89670-740-6

Mit seiner „Theorie U" legt der deutsche MIT-Forscher und Berater Otto Scharmer hier eine zeitgemäße Führungsmethode vor, die den Erfordernissen von Nachhaltigkeit und globaler Verantwortung im Management gerecht wird und die notwendigen Führungsinstrumente bereitstellt.

Scharmers zentraler Gedanke: Wie sich eine Situation entwickelt, hängt davon ab, wie man an sie herangeht, d. h. von der eigenen Aufmerksamkeit und Achtsamkeit. „Von der Zukunft her führen" bedeutet, Potenziale und Zukunftschancen zu erkennen und im Hinblick auf aktuelle Aufgaben zu erschließen. „Presencing" – aus „presence" (Anwesenheit) und „sensing" (spüren) – nennt Scharmer diese Fertigkeit zur Entwicklung. Von ihr profitieren sowohl die Organisation als Ganzes als auch der einzelne Mitarbeiter persönlich.

Anhand von vielfältigen Beispielen aus seiner internationalen Beratungspraxis illustriert der Autor die Prinzipien und Techniken von Presencing. Das Buch hilft Beratern wie Führungskräften, verbreitete, immergleiche Fehler zu vermeiden und Herausforderungen auf wirklich neue Art zu begegnen.

„‚Theory U' ist meine Basis für attraktive und attraktivierende Reformen. Die höchstmögliche Zukunft, die in uns und unseren Organisationen steckt, in die Gegenwart zu holen, das ist auch die Leitungsaufgabe einer Ministerin." Dr. Claudia Schmied
Österreichische Bundesministerin für Unterricht, Kunst und Kultur

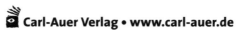

Carl-Auer Verlag • www.carl-auer.de

Lars Burmeister | Leila Steinhilper

Gescheiter scheitern

Eine Anleitung für Führungskräfte und Berater

140 Seiten, Gb, 2011
ISBN 978-3-89670-805-2

Erfahrungen des Scheiterns begleiten jeden Menschen von Kindheit an. Kein Mensch kann laufen lernen, ohne zu stürzen. Doch über das eigene Scheitern zu sprechen, gehört zu den letzten Tabus unserer erfolgsorientierten Gesellschaft. Das gilt auf individueller ebenso wie auf gesellschaftlicher Ebene oder in Organisationen.

Die Autoren dieses Buches plädieren für einen Perspektivwechsel – weg vom Verschweigen und von individuellen Schuldzuweisungen, hin zu Analyse, Neubewertung und letztlich zu einer Organisationskultur, die Misserfolge als mögliche Folge jedes Handelns zulässt. Eine in diesem Sinne „gelassene" Organisation zerbricht nicht an gescheiterten Projekten, sondern wächst an ihnen.

Mit Beispielen aus ihrer Praxis als Organisations- und Personalberater, Tools und Vorschlägen für Workshops zeigen die Autoren, dass Scheitern ein ganz normaler Entwicklungsschritt ist, der keine destruktive Kraft haben muss, sondern – nach angemessener Zeit – Inspiration für einen besseren Weg sein kann.

„Dieses Buch ist sehr nützlich, weil es dazu ermuntert, sich mit dem Scheitern auseinanderzusetzen. Dazu ist es ansprechend und gut zugänglich geschrieben."

Karsten Trebesch
TREBESCH & Asociados GmbH Unternehmensentwicklung

 Carl-Auer Verlag • www.carl-auer.de

Jens O. Meissner

Einführung in das systemische Innovationsmanagement

123 Seiten, 6 Abb., Kt, 2011
ISBN 978-3-89670-765-9

Für das Überleben von Unternehmen spielen Innovationen eine wichtige Rolle. Die Frage lautet: Wie kommt das Neue in die Organisation?

Das klassische, stark betriebswirtschaftlich ausgerichtete Innovationsmanagement mag bei der Modernisierung von einzelnen Produkten noch funktionieren. Es versagt jedoch, wo ganze Systeme zu erneuern sind, etwa wenn Produkte und Dienstleistungen kombiniert oder Lieferanten und Kunden in den Entwicklungsprozess eingebunden werden müssen.

Wer Innovationen als Teil der organisationalen Erneuerung begreift und den Charakter von Ideen aus einer systemtheoretischen Perspektive betrachtet, kann die Dynamik und die Komplexität von Innovationsprozessen wesentlich besser erfassen. Ein systemischer Ansatz hilft, Innovationen effektiver und mit nachhaltiger Wirkung umzusetzen und die alltäglichen Herausforderungen zu meistern.

Kompakt und doch umfassend führt dieses Buch in das systemische Innovationsmanagement ein. Die Kernbegriffe werden definiert und mit vielen Fallbeispielen verdeutlicht. Das Buch will kein „Kochbuch" sein, gibt aber viele Anregungen, wie aus „unordentlichen" Ideen erfolgreiche Innovationen werden.

 Carl-Auer Verlag • www.carl-auer.de